Das Kronenschlösschen Kochbuch

Speisen und Weine in perfekter Harmonie

Patrik Kimpel
Rezepte

H.B. Ullrich
Weine

Peter Schulte
Photographie

Peter Badenhop
Text

VERLAG

Das verwendete Porzellan stammt von der Firma Rosenthal,

die Gläser von ZWIESEL 1872 SCHOTT ZWIESEL.

Patrik Kimpel dankt beiden Unternehmen für ihre Unterstützung.

Impressum

Photographie: Peter Schulte
Text: Peter Badenhop
Rezepte: Patrik Kimpel
Weine: H.B. Ullrich

Das Kronenschlösschen Kochbuch

Weitere Titel des B3 Verlages unter www.bedrei.de

Artwork, Satz und Umschlag: Norbert Hetkamp

Druck und Bindung: Holtz AG, Neudrossenfeld
1. Auflage
ISBN 978-3-938783-27-6

Hotel

Inhalt

Vorwort

Zwischen den Mündungen des Mains und der Nahe erstreckt sich am nördlichen Ufer des Rheins eine der ältesten Kulturlandschaften Deutschlands. Schon die Römer wussten die Einzigartigkeit des Rheingaus mit seinen sanften Hängen zu schätzen, später waren es vor allem die Klöster der Benediktiner und der Zisterzienser, die dem Landstrich Impulse gaben und den Weinbau als Quelle des Wohlstandes etablierten. Die schmucken Fachwerkstädtchen und Weindörfer, Schlösser und Gutshöfe, Burgen und Klöster, vor allem aber die ausgedehnten Rebflächen zwischen Hochheim im Osten und Lorchhausen im Westen zeugen von der langen Weinhistorie des Rheingaus. In zahllosen Gasthäusern, Restaurants, Gutsschänken und Straußwirtschaften wird darüber hinaus auch die große kulinarische Vielfalt der Region präsentiert und gepflegt.

Im Hotel "Kronenschlösschen" im malerischen Winzerort Hattenheim finden beide Traditionen auf höchstem Niveau zusammen. Küchenchef Patrik Kimpel steht für eine leichte, behutsam an die Moderne angelehnte, klassische Küche, und Inhaber H.B. Ullrich hat das historische Haus am Ufer des Rheins mit einem Weinkeller ausgestattet, der es in ganz Deutschland bekannt gemacht hat. Bei den Speisen wie beim Wein spielt die Region, der Rheingau, im "Kronenschlösschen" die Hauptrolle, ohne dass der Blick auf den Rest der Welt dadurch verstellt würde.

Und weil im "Kronenschlösschen" Kochkunst und Weingenuss zusammengehören, ist auch dieses Buch keine reine Rezeptsammlung geworden, die dem Œuvre eines Koches gewidmet ist. Es ist gleichermaßen auch ein Weinbuch, in dem die besten Tropfen der Region die Kreationen der Küche ergänzen und veredeln. Patrik Kimpel und H.B. Ullrich wollen den Leser auf eine kulinarische Reise mitnehmen, wie er sie auch im "Kronenschlösschen" erleben kann. Und so gibt es zu jedem Gericht auf der jeweils folgenden Doppelseite eine spezielle Weinempfehlung, dazu mögliche Alternativen und allgemeine Tipps zum Thema Weingenuss. Auf diese Weise ist ein ganz besonderes Buch entstanden: ein Porträt des "Kronenschlösschen" und seiner Menschen, eine ausführliche Sammlung anspruchsvoller Rezepte, ein Nachschlagewerk für Weinfreunde und ein üppiger Bildband für alle Genießer und Freunde des Rheingaus.

HOTEL

Das "Kronenschlösschen"

Eine liebevoll restaurierte, historische Fassade, luxuriöse Zimmer und Suiten mit allem Komfort, ein elegantes Restaurant mit stilvollem Ambiente - kaum zu glauben, dass dieses Haus vor zwanzig Jahren von der Bauaufsicht wegen Einsturzgefahr gesperrt werden musste. Dort, wo ein Frankfurter Galerist Mitte des 19. Jahrhunderts nur wenige Meter vom Rhein entfernt ein Wohn- und Ausstellungshaus für seine Künstler errichtet hatte, stand Hans Burkhardt Ullrich 1990 vor einer heruntergekommenen, vielfach beschädigten und in ihrer alten Schönheit kaum mehr zu erkennenden Alt-Immobilie. Sie war zur Zwangsversteigerung ausgeschrieben und nur mit Millionenaufwand wieder herzurichten. Er kaufte das Anwesen, gemeinsam mit seiner damaligen Frau Dr. Irene Hufnagel, dennoch - und machte das Haus im Rheingauer Winzerdorf Hattenheim innerhalb von wenigen Jahren zu einem der schönsten Landhotels in ganz Deutschland.

18 komfortable Zimmer und Suiten hat das "Kronenschlösschen" heute - alle individuell gestaltet und mit großem Luxus ausgestattet: Himmelbetten, Marmorbäder, antike Kommoden und Gemälde, aber auch moderne Kommunikationstechnik und Unterhaltungselektronik gehören zum Standard. Besonders beliebt ist die Turm-Suite, die neben einem Schlafzimmer mit begehbarem Kleiderschrank und einem Wohnzimmer mit Blick auf den Rhein auch einen eigenen Balkon und einen offenen Kamin zu bieten hat. Im weitläufigen Park, in dem eine 300 Jahre alte Platane, ein Ginkgo- und ein Mammutbaum für Schatten sorgen, können sich die Gäste erholen und die einzigartige Atmosphäre genießen. Viele zählen diesen idyllischen Garten zu den schönsten Restaurantterrassen Deutschlands.

Die Straßen und Gassen Hattenheims mit ihren Fachwerkhäusern, der alten Burg und der Barockkirche St. Vinzenz sind nur ein paar Schritte entfernt.

Am Rande des Ortes beginnen die Weinberge, die sich sachte bis zu den Hängen des Taunus hinaufziehen. Auf der anderen Seite des "Kronenschlösschen" gleiten die Schiffe auf dem Rhein vorbei, am Ufer tummeln sich Radfahrer und Wanderer. Kein Wunder, dass sich Konrad Adenauer, Theodor Heuss und Carlo Schmidt an diesem Ort sehr wohlfühlten und in den Jahren 1947 und 1948 immer wieder für Tage und Wochen in das Hotel kamen, um das Grundgesetz für die Bundesrepublik vorzubereiten. Damals allerdings hieß das Haus noch "Hotel Ress" und war mit dem benachbarten Weingut Balthasar Ress verbunden.
Der Gastwirt Balthasar Ress hatte das Haus 1880 von dem erwähnten Frankfurter Galeristen erworben und nach umfangreichen Umbauarbeiten als Hotel eröffnet. Sein Sohn Karl Ress kaufte 1920 ein benachbartes Gutshaus hinzu und gründete dort das Weingut der Familie, das noch heute zu den besten und angesehensten des Rheingaus zählt und dem "Kronenschlösschen" freundschaftlich und eng verbunden ist.
Nach der Trennung von Hotel- und Winzerbetrieb im Jahr 1977 begann der Stern des Hotels allerdings schnell zu sinken. 1980 verkaufte die Familie Ress das Anwesen an den Frankfurter Gastronomen Gerd Schüler. Der wollte das Gebäude vor allem privat nutzen, träumte gar von einem "Magic Castle". Er begann mit dem Umbau, verlor aber schnell das Interesse und verkaufte den gesamten Besitz schon nach drei Jahren - unvollendet und in desolatem Zustand. Die neuen Eigentümer führten das Hotel unter dem Namen "Hotel zur Rebe", zahlten aber nie den Kaufpreis und ließen das historische Gebäude-Ensemble weiter verfallen. Ende der achtziger Jahre mussten die Behörden den Hotelbetrieb aus Sicherheitsgründen sogar stilllegen - es blieb nur die Zwangsversteigerung.

H.B. Ullrich, der einige Jahre zuvor schon die legendäre "Krone Assmannshausen" renoviert und saniert hatte, wurde durch Zufall auf die Immobilie aufmerksam. Er sei fasziniert gewesen von der Idee, in dem historischen Haus ein kleines, schickes Landhotel zu eröffnen, sagt er heute. Wie viel Anstrengung, Geld und Mühe ihn die Verwirklichung dieser Vision kosten würde, habe er damals nicht geahnt.

Zwei Jahre und einen zweistelligen Millionenbetrag hat H.B. Ullrich in das Projekt investiert, bevor er das geplante Hotel mit dem Namen "Kronenschlösschen" 1992 endlich eröffnen und an die Tradition des Hauses anknüpfen konnte. Zwei Jahre später holte er Patrik Kimpel als Chefkoch nach Hattenheim - eine Wahl, die sich schon bald als Glücksfall erweisen sollte. Gemeinsam mit Kimpel etablierte er das "Kronenschlösschen" als Gourmet-Adresse erster Güte. Inzwischen ist es der zentrale Veranstaltungsort des 1996 von H.B. Ullrich und seinen Freunden, dem Rüdesheimer Winzer Bernhard Breuer und dem Intendanten des Rheingau Musik Festivals, Michael Herrmann, ins Leben gerufenen Rheingau-Gourmet-Festivals, der inzwischen wohl bedeutendsten Veranstaltung dieser Art weltweit. Hier finden jedes Jahr im Frühjahr die legendären Küchenpartys, große Weinverkostungen und ausgesuchte Dinner-Abende mit Sterneköchen und Winzern aus aller Welt statt. Aber auch außerhalb der Festival-Saison treffen sich Feinschmecker und Weinfreunde zu vielen Veranstaltungen in den Salons und Sälen des Hauses und finden die Hotelgäste Entspannung, Ruhe und kulinarischen Genuss auf höchstem Niveau.

Hans Burkhardt **Ullrich**

H.B. Ullrich - wie er genannt wird - ist kein Freund großer Worte. Ruhig, höflich und gelassen tritt er den Menschen gegenüber. Er hat stets ein Lächeln auf den Lippen, weiß, wovon er spricht, ist immer präsent. Die großen Gesten und Auftritte - die sind nicht seine Welt. H.B. Ullrich bleibt in seiner zurückhaltenden Art lieber im Hintergrund und ist doch voller Energie, Ideen und Tatendrang. Das "Kronenschlösschen" und das Rheingau-Gourmet-Festival sind seine Schöpfungen. Ohne ihn wäre der historische Bau im verträumten Hattenheim vielleicht längst abgerissen oder in sich zusammengefallen. Und ohne ihn würden nicht Jahr für Jahr die angesehensten Köche und die bekanntesten Winzer in den Rheingau kommen und Scharen von Feinschmeckern und Weinkennern mit ihren Kreationen und Tropfen begeistern. Das weiß H.B. Ullrich natürlich. Aber er weiß auch, dass man in der Welt der Gastronomie alleine nichts ausrichten und nichts erreichen kann. Er weiß, wie wichtig ein gutes Team ist und dass der Einzelne ohne die perfekte Zusammenarbeit aller keinen Erfolg haben kann. Und darum lässt er gern den anderen den Vortritt, wenn es ums Präsentieren geht: zum Beispiel seinem Chefkoch Patrik Kimpel, seinem Sommelier Helge Hagen oder seinem Freund Michael Herrmann, dem Intendanten des Rheingau-Musik-Festivals, der mit großer Begeisterung auch das Rheingau-Gourmet-Festival unterstützt.

Zur Gastronomie und zum Wein ist H.B. Ullrich erst spät gekommen. Zwar war der Vater im heimatlichen Fulda Hotelier und Gastronom und der junge Hans Burkhardt fasziniert von den großen Veranstaltungen, bei denen er bis tief in die Nacht schon als Schüler helfen konnte. Doch nach dem Abitur war es zunächst die Juristerei, die den 1948 Geborenen in ihren Bann schlug. Nach dem Studium in Lausanne und Bonn und dem Referendardienst in Wiesbaden und Frankfurt ließ er sich 1974 als Wirtschaftsanwalt in der Bankenstadt nieder. Ein exzellentes Examen eröffnete ihm die Möglichkeit, "etwas Eigenes" zu machen und von Beginn an selbstständig zu sein. Die Freude daran und der Erfolg vereinnahmten ihn so rasch und so vollständig, dass er die begonnene Doktorarbeit nie zu Ende brachte.
In Restaurants und Hotels war H.B. Ullrich bis dahin stets nur Gast. Doch eine Reihe von Beratungsmandaten in der Hotellerie und vor allem die Ehe mit Dr. Irene Hufnagel, deren Familie das berühmte Hotel "Krone Assmannshausen"

gehörte, brachten ihn schließlich auch als Akteur in die Gastronomie. 1987 übernahm das Ehepaar das dahinsiechende Traditionshaus, sanierte es und führte es zu neuer Blüte. H.B. Ullrich, von der Größe der Aufgabe überrascht und vom Thema "infiziert", wurde mehr und mehr zum Hotelier - und zum Weintrinker. Nach und nach eroberte er die Welt der edlen Gewächse, besuchte zahllose Verkostungen in Deutschland und Frankreich, modernisierte und internationalisierte die Karte der "Krone" und entwickelte sich zum angesehenen Kenner.
Mit Freude erinnert er sich an seine allererste Probe 1947er Bordeaux' zu der er von August F. Winkler in den "Quellenhof" nach Aachen eingeladen wurde. Und an den Rat vom Assmannshäuser Winzer August Kesseler, sich dabei bloß nicht von großen Namen blenden zu lassen und nur dem eigenen Geschmack und Gefühl zu trauen.
Daran hat sich H.B. Ullrich bis heute gehalten - und die großen Namen gehen inzwischen längst bei ihm im "Kronenschlösschen" ein und aus.
Dieses historische Haus, mit seinen vielen Winkeln und Ecken, seinen individuellen Zimmern, dem stilvollen Restaurant, den knarrenden Dielen und dem historischen Mobiliar, ist seine Leidenschaft. Unendlich viel Zeit, Geld und Energie hat H.B. Ullrich investiert - und aus einer heruntergekommenen, zur Zwangsversteigerung ausgeschriebenen Immobilie ein wahres Schmuckstück gemacht: ein kleines Landhotel mit besonderem Ambiente, das Stammdomizil des Rheingau-Gourmet-Festivals, ein Haus mit einem Weinkeller, der in ganz Deutschland seinesgleichen sucht.
Seit der Scheidung von Irene Hufnagel 1996 und dem Verkauf der "Krone Assmannshausen" im Jahr 2003 gilt seine ganze Aufmerksamkeit dem "Kronenschlösschen". Jeden Tag fährt er von Frankfurt, wo er mit seiner Lebensgefährtin, der Galeristin Barbara von Stechow, seiner Tochter Johanna und Sohn Maximilian wohnt, ins idyllische Hattenheim und kümmert sich um das Hotel, die Mitarbeiter, das Programm für das nächste Festival - und den Weinkeller.

Regelmäßig kauft H.B. Ullrich junge Weine ebenso wie Raritäten ein, baut den Schwerpunkt Rheingau aus, vernachlässigt darüber aber auch nicht andere deutsche Anbaugebiete - geschweige denn Frankreich, Spanien, Österreich oder Italien - und hält auch in Übersee Ausschau nach überzeugenden Tropfen, die sowohl zu den Kreationen Patrik Kimpels passen als auch für sich allein stehen können. Vom Fein- und Weinschmeckerführer "Der Metternich" gab es 2007 die Auszeichnung "Beste Riesling-Karte Deutschlands". Für H.B. Ullrich nicht die erste Ehrung: 1993 hatte er gemeinsam mit Irene Hufnagel die Auszeichnung "Hotelier des Jahres" bekommen, 1996 wurde dem "Kronenschlösschen" vom "Gault Millau" die "Beste Weinkarte Deutschlands" bescheinigt. Solche Anerkennung erfüllt ihn mit großem Stolz. Große Worte verliert er darüber aber nicht.

Patrik Kimpel

Es heißt, in den Küchen der großen Köche gehe es hoch her. Deftig, laut und ungehobelt. Mancher hochgelobte Chef soll seine cholerische Ader Tag für Tag an seiner weißen Brigade auslassen. Auf manchen mag das zutreffen - auf Patrik Kimpel nicht. Der Chef des "Kronenschlösschen" ist die Ruhe selbst. So freundlich, gelassen und zurückhaltend, wie er Gästen und Besuchern begegnet, geht es in seiner Küche natürlich nicht immer zu. Aber Kimpel lässt sich so schnell nicht die Laune verderben. Er ist das Gegenteil des raubeinigen Chefkochs, der in der Küche tobt und von Gästen und Kritikern anschließend lächelnd Lob in Empfang nimmt. Er ist ein Mannschaftsspieler, einer, der schon immer Chef werden wollte, einer, der sich selbst als "streng, aber fair" bezeichnet, einer, dem es unbändigen Spaß macht, das Beste aus seinen Leuten herauszukitzeln.

Er habe schon immer Koch werden wollen, sagt Patrik Kimpel und lächelt. Nein, etwas anderes sei ihm nie in den Sinn gekommen. Und so zog es den 1967 in Kaub am Rhein Geborenen gleich nach dem Hauptschulabschluss in die Gastronomie. Und nicht irgendwo, sondern in der berühmten "Krone Assmannshausen" begann er 1983 als 16-jähriger seine Ausbildung. Das war nicht immer leicht. "Aber ich bin von Natur aus ein Kämpfer", sagt Kimpel. Und im Übrigen habe er in dem ehrwürdigen Haus mit seiner langen Tradition und dem angeschlossenen Weingut unendlich viel über Speisen, Weine, Kochen und Gäste gelernt - so wie auf seinem weiteren Weg bei Lothar Eiermann im Schlosshotel "Friedrichsruhe", bei Harald Wohlfahrt in der "Schwarzwaldstube" im Hotel Traube Tonbach und schließlich als Souschef bei Hans Peter Wodarz in der "Ente vom Lehel" im Wiesbadener Hotel "Nassauer Hof".

Als H.B. Ullrich ihn dann 1993 als Chefkoch ins "Kronenschlösschen" nach Hattenheim holte, hatte Patrik Kimpel seine Vision einer klassischen, leicht und zeitgemäß interpretierten Küche längst im Kopf. "Mit Kontinuität, aber ohne Stillstand", wie er sagt, entwickelt er seither sein Œuvre und setzt kulinarische Akzente nach seinen Vorstellungen. Er modernisiert mit Bedacht, reagiert schnell, aber behutsam auf Trends. Neues muss zu ihm und seinem Stil passen, denn "es gibt nichts Schlimmeres als eine schlechte Kopie". So realisiert Kimpel im "Kronenschlösschen" Tag für Tag seine Idee von einer anspruchsvollen, von der Qualität der Produkte und der Hingabe der Köche bestimmten Küche. "Wir sind ja auch ein bisschen Künstler", sagt er fast bescheiden - und kommt sogleich auf die zweite Säule seiner Philosophie zu sprechen: das Handwerk. Ohne handwerkliches Können ist jede Kreativität - und sei sie noch so außergewöhnlich und beeindruckend - nämlich zum Scheitern verurteilt. Und so hat der Gast im "Kronenschlösschen" die Wahl zwischen einem vielgängigen Dinner im Gourmet-Restaurant und kleinen, aber feinen Köstlichkeiten im Bistro - und vor allem die Gewissheit, dass der Kimpel'sche Wille zur Perfektion das eine

wie das andere zu einem großen Genuss werden lässt. Ob nun die soufflierte Fasanenbrust mit Gänseleber auf Meerrettichspitzkohl, Kartoffel-Parmaschinken-Purée und Steinpilzbutter im eleganten Restaurant auf den Tisch kommt oder im bodenständigen Bistro Heilbutt mit Spätburgunder-Schalottenkruste, Kräuterspinat und Noilly-Prat-Sauce serviert wird, die Detailverliebtheit und Gewissenhaftigkeit, mit der der Chef und seine Küchenmannschaft zu Werke gehen, ist immer die gleiche.

Patrik Kimpel sagt von sich selbst, er sei ein Genießer durch und durch - und so ist es kein Wunder, dass seine Menüs ebenso wie die À-la-carte-Kreationen stets in perfekter Kombination mit den passenden Weinen präsentiert werden. Nirgends wäre das so gut möglich wie im "Kronenschlösschen", das Inhaber H.B. Ullrich im Laufe der Jahre mit einem der besten Weinkeller in ganz Deutschland ausgestattet hat. Die Zusammenarbeit mit Ullrich, das Vertrauensverhältnis, das sich im Laufe der Jahre entwickelt hat, das nennt Kimpel denn auch ideal. "Wir verstehen uns fast blind und haben die gleichen Vorstellungen." Das trifft in hohem Maße auch auf seinen Souschef Jürgen Patschicke zu. Mit ihm zusammen realisiert er frische Ideen, kreiert neue Gerichte, stellt alle paar Wochen die Karte um und entwirft immer wieder begeisternde Menüfolgen. Kein Wort fällt so oft wie jenes von der "Teamarbeit", wenn Patrik Kimpel über diesen kreativen Teil seiner Arbeit spricht. Wichtig ist ihm überdies der Nachwuchs: Er kümmert sich um die Auszubildenden, die jungen Mitarbeiter und bietet auch Kochkurse an. In gewisser Weise fühlt er sich dabei wie ein Missionar - "für gute Küche, Kultur und Gesundheit".

Seine Frau Marianne hat Patrik Kimpel übrigens in der "Krone Assmannshausen" kennengelernt - bei einem Kochkurs. Auch sie arbeitet heute im "Kronenschlösschen", gemeinsam mit Tochter Saskia wohnt das Ehepaar in Eltville. Auch dort steht meistens er in der Küche - "aber über das Geschäft wird nicht gesprochen". Hobbys? Patrik Kimpel lächelt. Ja, früher hat er gern gemalt. Aber dafür bleibt heute keine Zeit mehr. Und selbst die Frankfurter Eintracht, deren glühender Fan er von Kindesbeinen an ist, kommt in letzter Zeit ein bisschen zu kurz - zumindest was den regelmäßigen Besuch im Stadion betrifft. Dafür sind die "Jeunes Restaurateurs" in den vergangenen Jahren so etwas wie ein Hobby geworden. Kimpel ist derzeit Vize-Präsident dieser Gilde junger deutscher Spitzenköche und kümmert sich vor allem um die Weiterbildung und Talentförderung - denn der Nachwuchs und die "Jeunes Restaurateurs", die liegen ihm besonders am Herzen.

Vorspeisen

Gebeizter Bachsaibling
mit gebratenen Jakobsmuscheln und Limonen-Brunnenkresse-Sorbet

Zutaten für vier Personen:

für den Fisch und die Muscheln

8	Jakobsmuscheln
2	Saiblingsfilet à 600 g
100 g	Meersalz
100 g	Jodsalz
100 g	Zucker, braun
20 g	Fenchelsamen
10 g	Pfefferkörner
1	Bund Brunnenkresse
1	Bund Petersilie

für den Kräutermantel

1	Bund Petersilie
1	Bund Dill
2	Bund Brunnenkresse

für den Mantel der Jakobsmuschel

100 g	Spinat
2	Karotten

für das Brunnenkresse-Sorbet

3	Bund Brunnenkresse
200 g	Joghurt
150 ml	Läuterzucker (siehe Grundrezept S. 186)
50 ml	Limonensaft

für das Tomaten-Limonen-Chutney

150 ml	Tomatensaft
8	Tomaten
2	Schalotten
2	Lorbeerblätter
4	Limonen
50 g	Zucker
1	Esslöffel Tomatenmark
	Pfeffer, Salz

Zubereitung:

Die Saiblingsfilets von den Gräten befreien und das Jakobsmuschelfleisch säubern. Nun die Kräuter fein schneiden und mit den restlichen Gewürzen vermengen. Die Jakobsmuscheln sowie die Saiblingsfilets in einen tiefen Behälter geben, mit der Beize bedecken und im Kühlschrank 24 Stunden marinieren.
Für das Sorbet alle Zutaten in einen Mixer geben und fein pürieren. Danach durch ein Haarsieb streichen und in der Eismaschine frieren.
Für das Chutney die Tomaten blanchieren, in Eiswasser abkühlen, vierteln und vom Kerngehäuse befreien. Schalottenwürfel in Olivenöl anschwitzen, den Zucker hinzugeben und leicht karamellisieren lassen. Das Tomatenmark dazugeben und die restlichen Zutaten untermengen. Mit dem Tomatensaft ablöschen und einkochen lassen.
Nun die Saiblingsfilets und die Jakobsmuscheln aus der Beize nehmen und trocken tupfen. Die Filets von der Haut lösen, übereinander legen und mit den fein geschnittenen Kräutern einrollen. Karotten schälen, in dünne Streifen schneiden und blanchieren. Danach nebeneinander legen und mit den blanchierten Spinatblättern belegen. Die Jakobsmuscheln darauf verteilen und einrollen.

Anrichten:

Den Saibling in Scheiben schneiden und mittig auf den Teller legen. Auf beiden Seiten etwas Tomate-Chutney geben und die in Scheiben geschnittenen Jakobsmuscheln auflegen. Je zwei Nocken Brunnenkresse-Sorbet platzieren und mit etwas Salat und Kräutern garnieren.

Lorcher Kapellenberg Riesling "Erstes Gewächs", Weingut Graf von Kanitz

Die Kombination

Der gebeizte Fisch in seinem Kräuterkleid verlangt nach einem kräftigen Tropfen, der viel Würze und Schmelzigkeit mitbringt. Auch die Begleiter - die leicht nussigen, mit Vanille aromatisierten Jakobsmuscheln und das Tomaten-Limonen-Chutney mit seiner Frische und Süße - brauchen einen starken Widerpart mit viel Körper. Ganz ohne eine stabile Säure dürfte dieser allerdings auch nicht auskommen, sie sollte nur nicht zu packend und hervorstechend sein. Schlanke Weine wären fehl am Platz.

Der Wein

Ein wenig abseits der bekannten Weingemeinden des Rheingaus, wo auf dem gegenüberliegenden Ufer schon das Anbaugebiet Mittelrhein beginnt, liegt Lorch. Dort erzeugt das im 13. Jahrhundert erstmals erwähnte Weingut Graf von Kanitz Rieslinge von bemerkenswerter Qualität und Langlebigkeit. Vor allem aus der Lage Kapellenberg, einem Südhang zwischen Assmannshausen und Lorch, der seinen Namen der längst untergegangenen St. Markus Kapelle verdankt, bringt das ökologisch bewirtschaftete Gut Jahr für Jahr Tropfen von großer Kraft und Vollmundigkeit hervor. Das "Erste Gewächs" aus dem Lorcher Kapellenberg glänzt mit großem, stoffigem Fruchtextrakt und einer eleganten Säure, die sehr gut umwebt und nicht zu dominant ist. Zum Saibling sollte dieser Wein zwei bis drei Jahre alt sein.

Die Alternativen

Anders als Weißburgunder bringt auch der eine oder andere Grauburgunder ausreichend Kraft und Fülle für dieses Gericht mit. Allerdings sollte er nicht in Barriques, also Eichenholzfässern, ausgebaut sein. Eine gute Wahl wäre beispielsweise die Grauburgunder Spätlese vom Weingut Schloss Proschwitz in Sachsen. Auch ein österreichischer Grüner Veltliner aus der Wachau, etwa vom Weingut Franz Hirtzberger, oder aus dem nahe gelegenen Kamptal, zum Beispiel vom renommierten Weingut Bründlmayer, wäre durchaus zu empfehlen.
Schließlich käme auch ein Chardonnay infrage, allerdings ein kräftiger, der auch ohne Barrique überzeugen kann: In Norditalien gibt es eine ganze Reihe solcher Weine, das beste Beispiel liefert das Weingut Jermann im Friaul.

Der Tipp: Zubehör

Wein ist im Grunde ein ganz und gar unkompliziertes Genussmittel. Außer einem Glas und einem Korkenzieher ist keinerlei Zubehör nötig - abgesehen vielleicht von einem Kühlschrank, mit dem man die Tropfen auf die richtige Temperatur bringen kann. Alle anderen Gerätschaften und Hilfsmittel sind eigentlich überflüssig, so praktisch sie im Einzelfall auch sein mögen. Die Kapsel der Flasche etwa kann man selbstverständlich mit einem Kapselschneider entfernen, ein scharfes Küchenmesser tut es aber auch. Ebenso verhält es sich mit Weinthermometern, Ausgießtüllen, Karaffen, speziellen Korkgriffen, Tropfen-

stoppern, Vakuumpumpen für angefangene Flaschen oder Kühlmanschetten. Die Wahl des Korkenziehers - falls man ihn in Zeiten, da der Korken auf dem Rückzug und andere Verschlüsse stetig auf dem Vormarsch sind (s. S. 32), überhaupt noch braucht - ist da schon etwas anderes. Generationen von Erfindern haben sich an diesem Gerät versucht, am bewährtesten ist aber immer noch das gute, alte Kellnermesser, mit seiner versenkbaren, kräftigen Spirale, einem kleinen, scharfen Messer und einem stabilen Hebel.

Taschenkrebs-Tatar mit Avocado auf Mango-Fenchel-Confit, Gin-Tonic-Gelee und Eisenkraut-Joghurt-Sorbet

Zutaten für vier Personen:

für das Taschenkrebs-Tatar

2	Taschenkrebse à 2 kg
1	Avocado
1	Limone
1	Karotte
1	kleiner Fenchel
10 g	Fenchelsamen
8 g	Pfefferkörner
4 g	Kümmel
20 g	Salz
6 cl	Balsamico-Essig, weiß
4 cl	Limonenöl
	Salz
	Chilipulver

für das Gin-Tonic-Gelee

200 ml	Gin
400 ml	Tonicwater
150 ml	Läuterzucker (siehe Grundrezept S. 186)
9	Blatt Gelatine

für das Mango-Fenchel-Confit

1	Thai-Mango
1	Fenchelknolle
2 g	Kardamon
2 cl	Balsamico-Essig, weiß
	Salz

für das Eisenkraut-Joghurt-Sorbet

100 g	Eisenkraut
¼ l	Mineralwasser, still
150 g	Zucker
250 g	Joghurt, natur
1	Limone

Zubereitung:

Für den Taschenkrebs die Karotte und den Fenchel waschen und in grobe Stücke schneiden. Einen großen Topf mit Wasser füllen, das Gemüse mit den Gewürzen und dem Essig hinzugeben und zum Kochen bringen. Die Krebse in das kochende Wasser geben, darin garen und anschließend kurz im Eiswasser abkühlen. Die Scheren abbrechen, mit einem festen Gegenstand anschlagen, aufbrechen und das Fleisch herausnehmen. Dann die Schalen aufbrechen und das Fleisch herauslösen. Die Avocado halbieren, den Kern entnehmen und das Fruchtfleisch herauslösen. Danach die Avocado und das Krebsfleisch - abgesehen von den Scheren - in kleine Würfel schneiden und mit Limonenöl, Salz sowie Chilipulver marinieren. Das Tatar in Formen oder Ringe füllen.

Für das Gelee das Tonicwater in einem Topf leicht erwärmen und die eingeweichte Gelatine darin auflösen. Den Gin dazugeben und auskühlen lassen. Nun eine tiefe Form mit Folie auslegen, die Flüssigkeit kurz vor dem Gelieren einfüllen und sechs Stunden in den Kühlschrank stellen.
Für das Confit die Thai-Mango schälen, das Fruchtfleisch vom Stein lösen und in kleine Stücke schneiden. Fenchelknolle halbieren, den Strunk herausschneiden und ebenfalls in kleine Stücke schneiden. Nun die Fenchelwürfel in einem Topf mit Olivenöl anschwitzen, die Mangowürfel zugeben und mit Balsamico-Essig ablöschen. Das Confit schließlich mit Kardamom und Salz abschmecken und etwas Fenchelgrün untermengen.
Für das Sorbet Mineralwasser mit dem Zucker in einem Topf zum Kochen bringen und das Eisenkraut zugeben. Den Topf vom Herd nehmen und das Kraut 15 Minuten ziehen lassen. Danach die Flüssigkeit passieren, den Joghurt unterheben und mit Limonensaft abschmecken. Zum Schluss in der Eismaschine gefrieren.

Anrichten:

Das Mango-Fenchel-Confit auf dem Teller verteilen. Das Tatar aus der Form nehmen und aufsetzen. Nun das Gelee in Würfel schneiden und mit gleich großen Mangowürfeln abwechselnd auflegen. Zum Schluss das Sorbet und das Scherenfleisch auf das Tatar geben.

Erbacher Steinmorgen Riesling "Erstes Gewächs", Weingut Jakob Jung

Die Kombination

Das Tatar vom Taschenkrebs braucht einen Partner, der nicht zu kräftig und dominierend auftritt. Zu viel Säure oder Alkohol würde die feine Aromatik des Krebsfleisches zerschlagen und die Kombination mit der exotisch-süßen Mango und dem leicht bitteren Gin-Tonic-Gelee aus dem Gleichgewicht bringen. Zu diesem Gericht passt am besten ein schlanker Wein mit gut eingebundener Säure.
In Barrique ausgebaute Tropfen scheiden vollkommen aus - sie sind viel zu muskulös und stark für diese fein abgestimmte Kreation.

Der Wein

Das Weingut Jakob Jung in Erbach gehört zu den beständigsten und zuverlässigsten Familienbetrieben im Rheingau. Die Rieslinge zeichnen sich durch Klarheit, Reintönigkeit und eine pikante Säure aus. Das "Erste Gewächs" aus dem Erbacher Steinmorgen bietet darüber hinaus eine leichte mineralische Note und ein breites Aromenspektrum. Das ist typisch für die Lage, die seit mindestens 800 Jahren für den Weinbau genutzt wird. In einer Urkunde aus dem Jahr 1211 wurde der Steinmorgen erstmals erwähnt. Der Name hat seinen Ursprung einerseits in den steinigen, sprich: kiesigen, Einlagerungen im ansonsten tiefgründigen Lössboden, auf der anderen Seite in der Größe des Feldes: Ein Morgen bezeichnete nämlich genau die Fläche, die an einem Vormittag bearbeitet werden konnte. Zum Taschenkrebs-Tatar passt der Jung'sche Steinmorgen am besten, wenn er drei bis fünf Jahre alt ist.

Die Alternativen

Auch für den Taschenkrebs bietet sich als Begleiter neben einem Riesling zuallererst ein Grauburgunder an. Allerdings darf er auf keinen Fall Holz gesehen haben und sollte stattdessen im Edelstahltank herangereift sein. Viele Weine vom Kaiserstuhl erfüllen dieses Kriterium, ganz besonders aber der Grauburgunder vom Weingut Fischer (dahinter stehen der vielfach ausgezeichnete Joachim Heger und seine Frau Silvia) mit seiner reintönigen, klaren Frucht und seiner feinen Frische.
Ebenso passt norditalienischer Chardonnay, klar und schlank, gut zur filigranen Struktur dieses Gerichtes. Alois Lageder aus Südtirol macht einen solchen und auch die Kellerei St. Michael Eppan.
Etwas exotischeren Genuss bietet der Sauvignon Blanc Grande Cuvée vom südafrikanischen Weingut Boschendal. Die langsam gereiften Trauben entfalten im Glas ein konzentriertes, erfrischendes Aroma - ganz ohne Barrique.

Der Tipp: Verschlüsse

Traditionell werden Weinflaschen mit einem Stück Baumrinde verschlossen - doch der technische Fortschritt, vor allem aber das immer größer werdende Problem der "Korkschmecker" bringt immer mehr Winzer zum Umdenken. Hochwertige Korken sind teuer, einen Schutz vor dem gefürchteten "Korkeln" des Weins bieten aber auch sie nicht. Trichloranisol, kurz TCA, heißt die Chemikalie, die dafür verantwortlich ist. Sie ist bakteriellen Ursprungs und verdirbt den Wein

mit einem muffig-modrigen Schimmelton und -geschmack. Bis zu zehn Prozent aller mit Kork verschlossenen Weine sind davon betroffen - auch die teuersten. Kunststoff-Korken, Schraubverschlüsse, Glasstopfen und selbst der wenig attraktive Kronkorken werden deshalb bei Weinproduzenten und Weintrinkern immer beliebter. Selbst hochwertigste Weine werden inzwischen mit diesen alternativen Verschlüssen versehen - und das charakteristische Knallen der Korken wird seltener.

Gebratene Kalbskopfterrine mit lauwarmem Calamaretti-Salat und Tomatensugo

Zutaten für vier Personen:

für die Kalbskopfterrine

1	Kalbskopfmaske
1	Kalbszunge
2	Karotten
¼	Sellerieknolle
½	Lauchstange
12	Pimentkörner
10	Pfefferkörner
4	Lorbeerblätter
¼	Bund Petersilie
	Salz

für die Marinade

6 cl	Balsamico-Essig
6 cl	Sherry-Essig
10	Senfkörner
5 g	Korianderkörner
6	Blatt Gelatine
200 ml	Kalbsfond (siehe Grundrezept S. 192)
	Salz, Pfeffer

für die Calamaretti

300 g	Calamaretti
1 EL	Kerbel, geschnitten
1 EL	Estragon, geschnitten
1 cl	Balsamico-Essig, weiß
2 cl	Olivenöl
¼ l	Gemüsefond (siehe Grundrezept S. 185)
	Salz

für das Tomatensugo

4	Strauchtomaten
100 ml	weißer Tomatenfond
1 ½	Blatt Gelatine
1 EL	Schnittlauch, geschnitten
	Salz, Chilipulver

Zubereitung:

Den Kalbskopf säubern und in kaltem Wasser mit der Kalbszunge wässern. Das Gemüse schälen, in walnussgroße Würfel schneiden und in Olivenöl anschwitzen. Den Kalbskopf sowie die Zunge mit den Gewürzen hinzugeben und mit kaltem Wasser auffüllen. Nun alles miteinander aufkochen und bei schwacher Hitze garen. Wenn alles gar ist, die Zunge von der Haut befreien und ebenso wie den Kalbskopf in kleine Würfel schneiden. Die Senfkörner im heißen Kalbsfond quellen lassen, die eingeweichte Gelatine darin auflösen und mit den Korianderkörnern sowie dem Essig die Würfel im warmen Zustand marinieren. Mit Salz, Pfeffer abschmecken, in eine Terrinenform pressen und im Kühlschrank 24 Stunden abkühlen lassen. Für den Salat die Calamaretti säubern, waschen und anschließend in feine Ringe schneiden. Nun die Ringe kurz in Gemüsefond garen. Für die Marinade Kräuter, Balsamico, Olivenöl sowie etwas Gemüsefond miteinander vermengen und die Calamaretti hinzugeben. Zum Schluss mit etwas Salz und Pfeffer würzen.

Für das Tomatensugo die Tomaten vom Strunk befreien und auf der gegenüberliegenden Seite leicht einschneiden. Danach in kochendem Salzwasser kurz blanchieren, bis sich die Haut etwas löst, dann in Eiswasser abkühlen. Die Schale mit einem Messer lösen, die gehäuteten Tomaten vierteln und vom Kerngehäuse befreien. Anschließend die Tomatenviertel in kleine Würfel schneiden. Den Tomatenfond leicht erwärmen, die eingeweichte Gelatine darin auflösen und den Fond kalt stellen. Den gelierten Fond, die Tomatenwürfel sowie den Schnittlauch zusammenmengen und mit Salz und Chili abschmecken.
Schließlich den Kalbskopf aus der Terrine lösen, in Scheiben schneiden und in einer heißen Pfanne mit Butterschmalz kurz anbraten.

Anrichten:

Das Tomatensugo mit der gebratenen Kalbskopfterrine auf einem Teller anrichten und den lauwarmen Calamaretti-Salat anlegen.

"Quarzit" Riesling trocken, Weingut Peter Jakob Kühn

Die Kombination

Gebratener, pikanter Kalbskopf, ein mit Balsamico abgeschmeckter Calamaretti-Salat und ein mit Schnittlauch und Chili gewürztes Tomatensugo: Ein leichter Wein muss vor diesem Gericht kapitulieren. Ohne Kraft und Fülle geht hier jeder Tropfen unter. Ein Begleiter, der dieser Kreation Paroli bieten will, muss eine mit stabilem Alkohol unterfütterte Mineralität aufweisen und vor allem eine starke Würze zeigen, die sogar einen Hauch Schärfe mit sich bringen darf. Ausgeprägte Säure sollte er allerdings nicht haben, die wäre kontraproduktiv und würde das Ensemble stören.

Der Wein

Voller Kraft und Mineralität, vor allem aber mit beeindruckender, tiefer Würze präsentiert sich der "Quarzit" von Peter Jakob Kühn. Er ist eine Cuvée von Rieslingen aus verschiedenen Weinbergen im Oestricher Doosberg und spiegelt wie wenige Weine intensiv die Struktur des Bodens wider, auf dem er gewachsen ist: humoser, teilweise etwas toniger Lösslehm, der von grauem Quarzit durchzogen wird. Peter Jakob Kühn ist einer der renommiertesten Winzer im Rheingau, doch er macht es seinen Weinfreunden manchmal nicht leicht - auch nicht mit seinem "Quarzit". Während viele Kritiker und Sommeliers Kühns Hinwendung zur unbeeinflussten Spontanvergärung loben, sind "normale" Weintrinker mitunter irritiert. Denn Kühns Weine mit ihren für Rieslinge eher untypischen Attributen sind nicht sofort zugänglich oder gar anschmiegsam. Sie sind ganz im Gegenteil schwierig und brauchen vor allem Zeit. Auch der "Quarzit" sollte deshalb niemals jung, sondern frühestens nach drei bis vier Jahren Reifezeit getrunken werden - und dann möglichst aus großen Gläsern, die dem Wein Raum zur vollen Entfaltung geben.

Die Alternativen

Rieslinge mit kräftigem Körper und stabiler Struktur gibt es natürlich nicht nur im Rheingau. Auch in der Pfalz sind solche Tropfen zu finden, zum Beispiel beim Weingut Dr. Bürklin-Wolf in Wachenheim. Wie der "Quarzit" von Peter Jakob Kühn ist auch der Riesling vom Forster Pechstein von seinem Untergrund geprägt und zeigt eine einzigartige, dem Basaltboden geschuldete Mineralität und großes Reifepotenzial.
Kraftvoll genug für den Kalbskopf wäre auch ein Chardonnay aus dem Burgund mit klassischer Barrique-Note - es muss kein Grand Cru sein - oder ein ebenfalls in Eichenholz ausgebauter Chardonnay aus Südtirol, etwa der beeindruckende Chardonnay Kreuth von der Kellerei Terlan in Terlan.

Der Tipp: Gläser

Wein und Glas - das gehört zusammen. Aus Bechern, Steingut oder Porzellan getrunken ist Rebensaft keine Freude, am besten kommt er in schlichten Kristallgläsern zur Geltung. Glas ist dünn, transparent und geschmacksneutral. Wahre Weintrinker lehnen deshalb auch geschliffene, farbige oder Gläser mit anderem Beiwerk ab - all das lenkt vom eigentlichen Genuss nur ab. Im Grunde sind nicht einmal verschiedene Größen nötig, nur für Sekt und Dessertwein empfehlen sich eigene Formen und Größen. Traditionell werden Rotweine aus mächtigeren Gebinden getrunken, denn es ist unbestritten, dass volle, üppige Weine ihren Duft in einem großen Glas besser entfalten können - und das Riechen ist schließlich der halbe Genuss beim Weintrinken. Aber auch viele Tropfen aus weißen Trauben kommen in einem großen Glas viel besser zur Geltung. Ein "Erstes Gewächs" mit Fülle und Gehalt muss nicht im kleinen Rieslingglas serviert werden, auch ihm kann ein großer Glas-Pokal auf die Sprünge helfen.

Thunfischscheiben mit Zitronenpfeffer, marinierten Tiger-Prawns, Avocado-Wasabi-Creme und Hummer-Thymianschaum

Zutaten für vier Personen:

für den Thunfisch

600 g	Thunfisch
20 g	Zitronenpfeffer
10 g	Meersalz
50 ml	Olivenöl

für die Tiger-Prawns

12	Tiger-Prawns
1 EL	frischen Koriander
1/8 l	Limonenöl
2	Knoblauchzehen
2	Chilischoten, rot
5 g	Meersalz

für die Avocado-Wasabi-Creme

2	Avocados
10 g	Wasabi
	Salz
	Saft von einer Limone

für den Hummer-Thymian-Schaum

	Hummer-Karkassen
½	Fenchel
¼	Staudensellerie
8	Schalotten
3	Knoblauchzehen
15	Pimentkörner
2	Anissterne
15	Pfefferkörner
5 g	Ingwer
1	Bund Thymian
1	Lorbeerblatt
40 g	Tomatenmark
1/8 l	Pernod
1/8 l	Noilly Prat
1 l	Fischfond (siehe Grundrezept S. 192)
150 g	Sahne
80 g	Butter
	Salz, Chilipulver

für die Garnitur

Kresse, Gemüsewürfel,
Limonenfilets, Orangenfilets

Zubereitung:

Das Thunfisch-Filet zu zwei Rechtecken zuschneiden und in einer heißen Pfanne in Olivenöl kurz von allen Seiten anbraten. Die Filets anschließend in gestoßenem Zitronenpfeffer wälzen und in Folie einschlagen.Nun für die Tiger-Prawns den Koriander, Knoblauch und Chilischoten klein schneiden, mit Olivenöl und Meersalz vermengen. Die gekochten und geschälten Tiger-Prawns in der Marinade etwa vier Stunden ziehen lassen.

Für die Avocado-Wasabi-Creme die Avocados mit einem Messer halbieren, den Kern entnehmen und das Fruchtfleisch mit einem Löffel herauslösen. Das Fruchtfleisch durch ein feines Sieb streichen, mit Wasabi und Limonensaft vermengen und mit Salz abschmecken.
Für die Sauce die Hummer-Karkassen in einem großen Gefrierbeutel mit einem festen Gegenstand klein stoßen. Danach auf einem Backblech verteilen und bei 50 Grad im Ofen etwa zwei Stunden lang trocknen. Das Wurzelgemüse in kleine Würfel schneiden, in einem heißen Topf mit Olivenöl anschwitzen und die getrockneten Karkassen dazugeben. Das Tomatenmark untermischen, alles rösten und schließlich mit Noilly Prat und Pernod ablöschen. Dann die Gewürze und Kräuter beigeben und mit kaltem Fischfond auffüllen.
Diesen Hummer-Sud bei leichtem Köcheln auf zwei Drittel reduzieren, danach in einen Topf durch ein Tuch passieren und die Sahne dazugeben. Nun die Sauce nochmals fünf Minuten köcheln lassen, mit kleinen, kalten Butterstücken montieren und mit Salz und etwas Chili abschmecken. Zum Schluss die Limonen und Orangen von der Schale befreien und die Filets herausschneiden.

Anrichten:

Den Thunfisch aus der Folie nehmen, in Scheiben schneiden und abwechselnd mit den Tiger-Prawns auf die Teller legen. Von der Avocado-Wasabi-Creme Nocken aufsetzen, mit den Zitrusfrüchten, der Kresse und den Gemüsewürfeln dekorieren und mit der leicht aufgeschäumten Hummer-Sauce napieren.

Hochheimer Kirchenstück Riesling "Erstes Gewächs", Weingut Franz Künstler

Die Kombination

Die Kreation von Thunfisch und Tiger-Prawns bietet ein breites Spektrum von Aromen und Geschmackserlebnissen mit leichten asiatischen Anklängen: Der von allen Seiten kurz angebratene und in Zitronenpfeffer gewendete Fisch hat bei aller Milde eine leichte Schärfe. Die in Limonenöl mit Chili pochierten Garnelen strahlen Frische, gepaart mit dezenter Schärfe, aus und die Avocado-Wasabi-Creme trägt vor allem Schmelz und Saftigkeit dazu bei. Weine mit leichtem Körper und wenig Säure können dem ebenso wenig standhalten wie solche mit einer Barrique-Note. Hier sind kräftige Frucht, eine stabile Säure und eine Spur Restsüße gefragt.

Der Wein

Aus dem Hochheimer Kirchenstück, das unmittelbar an der Pfarrkirche St. Peter und Paul in Hochheim liegt, seinen Namen aber vor allem dem Umstand verdankt, dass ein Teil der Lage vor der Säkularisation im Besitz des Mainzer Domkapitels war, kommen Weine mit viel Volumen und Komplexität. Der mäßig steile, nach Süden ausgerichtete Hang ist durch die Bebauung der Stadt vor kalten Nordwinden geschützt. Das "Erste Gewächs" vom Weingut Künstler hat viel Frucht, bleibt wegen der bestens verpackten, zarten Säure und einer schönen mineralischen Dichte aber dennoch ein feinnerviger, graziler Wein. Nach drei oder vier Jahren hat er genug Rückgrat, um auch dominante Speisen zu begleiten.

Die Alternativen

Zum süßlich-scharfen, schmelzigen Aromenspektrum des Gerichts passen sehr gut gereifte Rheingauer Rieslinge - sie benötigen dafür aber eine erkennbare Restsüße. Die halbtrockenen Spätlesen von den Hessischen Staatsweingütern aus den Rauenthaler Lagen Gehrn und Baiken werden auch im fortgeschrittenen Alter von 12 bis 18 Jahren spielend mit dieser Herausforderung fertig. Aber auch ein trockener Weißburgunder - zum Beispiel vom rheinhessischen Vorzeigeweingut Wittmann in Westhofen bei Worms - oder eine trockene Silvaner-Spätlese - erstklassig sind jene vom Fürstlich Castell'schen Domänenamt im fränkischen Castell - wären gute Begleiter für den Thunfisch.

Der Tipp: Genuss-Killer

Der Wein hat eine ganze Reihe von Feinden, Tabakrauch ist einer der schlimmsten. Er beeinträchtigt nicht nur die Geschmacksnerven des Rauchers und mindert so den Weingenuss, Zigaretten- und Zigarrenqualm stört auch alle anwesenden Nichtraucher und ihre Geruchswahrnehmung - von den gesundheitlichen Wirkungen ganz abgesehen. In vielen guten Restaurants ist das Rauchen deshalb schon seit Jahren mehr oder weniger verboten oder zumindest unerwünscht. Die in vielen europäischen Ländern in jüngerer Zeit verhängten Rauchverbote in Lokalen und Gaststätten sind so gesehen ein enormer Fortschritt. Allerdings gibt es noch andere, nicht so offensichtliche Weingenuss-Killer: Auch starke Parfüms, Rasierwasser oder Duftkerzen können den Geruchssinn ablenken. Noch problematischer wird es mit Zahnpasta, Kaugummi, Pfefferminz- und Menthol-Bonbons oder Lakritze - sie können das Trinken eines Weines vollkommen verderben und unmöglich machen. Ähnliches gilt für Kaffee, Tee und Schokolade: Sie hinterlassen im Mund ebenfalls erhebliche Nachwirkungen, die den Genuss von Wein stören.

Ratatouille-Törtchen mit glaciertem Sot l'y laisse und Parmesan-Mousse-Röllchen

Zutaten für vier Personen:

	für das Huhn
300 g	Sot l'y laisse
500 g	Geflügelkarkassen
5	Schalotten
1	Karotte
10 g	Tomatenmark
1	Zweig Rosmarin
2	Lorbeerblätter
8	Pimentkörner
5	Wacholderbeeren
5	Pfefferkörner
1/8 l	Rotwein
1/8 l	Noilly Prat
1 l	Geflügelfond (s. Grundrezept S. 183)
10 g	Butter
	Öl
	Salz

	für das Ratatouille-Törtchen (1)
1	Zucchini, grün
1	Paprika, rot
1	Paprika, gelb
1	kleine Aubergine
2	Schalotten

	(2)
1 EL	Tomatenmark
6 cl	Tomatensaft
3	Tomaten
1	Zweig Rosmarin
1	Zweig Thymian
	Öl
	Salz
	Zucker

	für die Parmesan-Mousse-Röllchen
2	Schalotten
100	Parmesan, frisch gerieben
1/8 l	Sahne
100 ml	Weißwein, trocken
100 ml	Sahne, geschlagen
2 ½	Blatt Gelatine
1	Bund Schnittlauch
4	Scheiben Frühlingsrollenteig
	Öl
	Salz, Pfeffer

Zubereitung:

Für die Ratatouille-Törtchen die geschälten Schalotten in kleine Würfel schneiden und in Olivenöl anschwitzen. Gewürfelte Paprika, Zucchini und Aubergine dazugeben. Das Gemüse ein wenig mit Tomatenmark tomatisieren, den Tomatensaft beigeben und mit den Gewürzen abschmecken. Tomaten vom Strunk befreien, am oberen Ende einritzen und kurz im kochenden Salzwasser blanchieren. Dann die Tomaten in Eiswasser abkühlen, von der Haut lösen, vierteln und das Kerngehäuse herauslösen. Die Tomatenviertel auf ein Backblech legen, mit etwas Olivenöl beträufeln, leicht würzen und mit den Kräutern aromatisieren. Die Tomaten nun für etwa 45 Minuten bei 100 Grad in den Ofen schieben.

Für die Parmesan-Mousse die geschälten Schalotten fein würfeln, in einem Topf mit Öl anschwitzen, mit Weißwein ablöschen und einkochen. Den Parmesan zugeben, die flüssige Sahne angießen und kurz aufkochen lassen. Den Sud nun mixen, durch ein feines Küchensieb passieren und die in kaltem Wasser eingeweichte Gelatine unterrühren. Die Masse anschließend auf Eiswasser kalt rühren und bei leichtem Stocken die geschlagene Sahne vorsichtig unterheben. Danach für zwei Stunden in den Kühlschrank stellen.
Den Frühlingsrollenteig auf fünf mal fünf Zentimeter schneiden, über ein Aluminiumrohr legen und im Ofen bei 160 Grad etwa vier Minuten backen.
Danach die gebackenen Röllchen abkühlen lassen, die Parmesan-Mousse in einen Spritzbeutel geben und die Röllchen füllen. Zum Schluss die Enden der Röllchen in geschnittenen Schnittlauch tauchen.

Für die Sauce die Geflügelkarkassen in Walnuss-Größe hacken und im Ofen bei 160 Grad stark anrösten. Das Wurzelgemüse in Würfel schneiden und in einem Topf bei mittlerer Hitze anrösten. Danach mit Tomatenmark tomatisieren, die Gewürze sowie Kräuter hinzugeben und mit Rotwein sowie Noilly Prat ablöschen. Dann die Flüssigkeit einkochen lassen, mit dem Geflügelfond auffüllen und etwa eine Stunde lang köcheln lassen. Den Fond danach durch ein Passiertuch geben und das Fett abnehmen. Nun den passierten Geflügelfond in einem Topf auf ein Drittel reduzieren. Zum Schluss die Butter in die Sauce montieren und durch ein feines Küchensieb passieren.

Schließlich die Sot l'y laisse würzen, in einer Pfanne mit etwas Öl anbraten und die Geflügeljus zugeben. Kurz glacieren und mit etwas Butter montieren.

Anrichten:

Das warme Gemüse mittig auf einen heißen Teller geben, die Tomaten auflegen, mit den Sot l'y laisse umlegen und mit Sauce umgießen. Schließlich das Parmesan-Mousse-Röllchen auflegen und servieren.

Hattenheimer Nussbrunnen Riesling
"Erstes Gewächs", Weingut Balthasar Ress

Die Kombination

Das Ratatouille kann auch als Törtchen seine mediterrane Herkunft nicht leugnen: Voller Würze und Kräuteraromen steckt dieses Gericht. Das Beste vom Huhn - die kleinen, sautierten Sot l'y laisse - steuert leichten Röstgeschmack und fleischigen Schmelz bei. Von den konfierten Tomaten kommen Süße und leichte Säure, und das Pesto verbreitert die allgegenwärtige Würze noch. Diese Kombination verlangt nach einem geschmacklich offensiven Wein mit viel Extrakt und Saftigkeit.

Der Wein

Nur wenige Schritte entfernt vom "Kronenschlösschen" in Hattenheim gelegen, hat das Weingut Balthasar Ress nicht nur eine räumliche, sondern auch eine historische Nähe zum Hotel: Viele Jahre betrieb die Familie in dem Haus, das Balthasar Ress 1880 erworben hatte und in dem sich heute das "Kronenschlösschen" befindet, das "Hotel Ress". Das benachbarte Gutshaus kaufte Sohn Karl in den zwanziger Jahren hinzu und gründete dort das Weingut der Familie. Heute ist es einer der größten familiengeführten Betriebe im Rheingau und verfügt über Rebflächen in einer ganzen Reihe von Rheingauer Lagen. Das "Erste Gewächs" aus dem Hattenheimer Nussbrunnen, der seinen Namen einer mit Nussbäumen umstandenen, heute noch erkennbaren Quelle verdankt, hat ein für die Lage typisches kräftiges Bukett und auch am Gaumen eine ausgeprägte Frucht, die gut mit der aktiven Säure ausbalanciert ist. Zum kräftig würzigen Ratatouille-Törtchen sollte der Wein jung getrunken werden.

Die Alternativen

Schlanke, mineralische Weine oder gar Tropfen mit einer deutlichen Restsüße sind bei diesem Gericht verloren. In kleinen Eichenfässern gereifte Weißweine dagegen zeigen hier, was sie können: hochwertige Chardonnays aus dem Burgund oder von der amerikanischen Westküste zum Beispiel. Ein beeindruckend intensiver Vertreter dieses Weinstils ist der Chardonnay "Private Reserve" vom traditionsreichen Weingut Beringer aus dem kalifornischen Napa Valley. Aber Weine dieser Art gibt es nicht nur in Frankreich oder Übersee, sondern auch in Deutschland: Die in Barrique ausgebaute Grauburgunder-Spätlese vom Achkarrer Schlossberg vom Weingut Dr. Heger beispielsweise hat große Kraft und viel Schmelz und zeigt die typischen Vanille- und Röstaromen.

Der Tipp: Barrique

Die Reife und Lagerung von Weinen in kleinen Holzfässern ist eng mit dem Bordelais verbunden. Dort erkannte man zuerst, welch gute Auswirkungen der Kontakt von Eichenholz mit Wein hat und wie positiv er Struktur sowie Lagerfähigkeit der Weine beeinflusst. In der Weinwelt hat sich deshalb die französische Bezeichnung "Barrique" für ein kleines Eichenholzfass mit einem Fassungsvermögen von 225 Litern durchgesetzt. Geschätzt werden diese teuren, handge-

fertigten Fässer inzwischen in fast allen Anbaugebieten der Welt. Selbst in Italien reifen "moderne" - anders als "traditionelle" - Rotweine heutzutage einige Monate lang in Barriques. Große Verbreitung hat aber auch der Ausbau von Weißweinen in Eichenholz erlangt. Besonders geeignet dafür ist Chardonnay, denn der Kontakt mit Eichenholz gibt ihm im Idealfall einen sanften, buttrigen Schmelz und charakteristische Vanilletöne. Problematisch wird es, wenn Weine aus Kostengründen nicht in Barrique-Fässern ausgebaut, sondern im Stahltank mit Eichenholz-Chips aromatisiert werden, wie es in den Vereinigten Staaten, Australien und anderen Teilen der sogenannten Neuen Welt zum Teil gehandhabt wird. Der Unterschied zu tatsächlich in Barrique gereiften Weinen ist nicht immer auf den ersten Schluck zu erkennen - aber dann doch sehr deutlich.

Bonbon von Wachtel, Taube und Gänseleber mit grünem Spargel und Rotwein-Schalotten-Vinaigrette

Zutaten für vier Personen:

für das Bonbon

4	Taubenbrüste
4	Wachtelbrüste
20 g	Putenbrust
0,1 l	Sahne
40 g	Gänseleber
4	Blatt Brickteig
	Geflügelfarce (s. Grundrezept S. 183)

für die Vinaigrette

½ l	Rotwein
¼ l	Portwein
0,1 l	Geflügelfond (s. Grundrezept S. 183)
3	Schalotten
4 cl	Sherry-Essig
0,1 l	Traubenkernöl
	Salz, Pfeffer

für den Spargel

2	grüne Spargel
1,8 l	Gemüsefond (s. Grundrezept S. 185)
30 g	Butter
	Salz

Zubereitung:

Für das Bonbon die Haut von den Tauben- und Wachtelbrüsten ziehen, mit Salz und Pfeffer würzen und mit dem Gänseleberkern in der Mitte zu einer Roulade rollen. Den Brickteig dünn mit der Geflügelfarce bestreichen. Die Roulade darauflegen, einrollen und an beiden Enden mit einer Schnur zubinden. Im Fettbad bei 180 Grad etwa vier Minuten ausbacken. Danach noch vier Minuten im Ofen ruhen lassen. Für die Vinaigrette Portwein und Rotwein in einem Topf reduzieren. Die in kleine Würfel geschnittene Schalotte zugeben, kurz aufkochen lassen und vom Herd nehmen. Den Geflügelfond und den Sherry-Essig hinzugeben, das Traubenkernöl langsam einrühren, bis eine Emulsion entsteht. Zum Schluss mit den Gewürzen abschmecken. Den grünen Spargel waschen und mit einem Messer die kleinen, blättrigen Spitzen entfernen. Am Spargelende die ersten zwei Zentimeter abschneiden, danach den Spargel in Salzwasser blanchieren. Anschließend den Spargel im Gemüsefond erwärmen, mit Salz abschmecken, die Butter hinzugeben und glacieren.

Anrichten:

Den Spargel der Breite nach halbieren und auf einem heißen Teller nebeneinanderlegen. Das gebackene Bonbon von den Schnurenden befreien, diagonal halbieren und auf den Spargel setzen. Zum Schluss die Vinaigrette rundherum napieren.

Erbacher Siegelsberg Riesling "Erstes Gewächs", Weingut August Eser

Die Kombination

Der grüne Spargel und die dazu gereichte Rotwein-Schalotten-Vinaigrette sind die Bezugspunkte für den Wein zu diesem Gericht. Das Bonbon mit seinen kräftigen, schmelzigen und nussigen Aromen verlangt nach einer gewissen Süße, die beiden anderen Elemente mit ihrer deutlichen Säure brauchen hingegen einen starken, mineralischen, mit stabiler Säure ausgestatteten Widerpart. Weine mit ausgeprägtem Terroir-Charakter kommen damit am besten zurecht.

Der Wein

Feinfruchtig, mit elegantem Säurespiel und guter Lagerfähigkeit: So werden die Weine vom Erbacher Siegelsberg im Allgemeinen beschrieben. Beim "Ersten Gewächs" vom Weingut August Eser in Oestrich-Winkel kommen noch viel Körper und ein langer Nachhall hinzu. Die windgeschützte Lage, die von optimaler Sonneneinstrahlung profitiert, begünstigt eine verhältnismäßig frühe Blüte und volle Traubenreife - entsprechend intensiv sind die Fruchtaromen des Weins. Auf der Flasche reift die opulente Frucht schnell und intensiv, seine feste Struktur bewahrt dieser Tropfen aber auch noch nach fünf oder mehr Jahren.

Die Alternativen

Milde, gereifte Riesling-Spätlesen von der Mosel spielen zu diesem Gericht ihr ganzes Können aus - je mineralischer und filigraner, desto besser. Aber auch Weine von der Saar, wie die Kanzemer Altenberg Spätlese vom Weingut von Othegraven, passen sich perfekt in dieses Geschmacksensemble ein.
Einen sanft prickelnden Hintergrund für das Edelgeflügel-Bonbon kann ein Riesling-Sekt von einem qualitätsbewussten Winzer schaffen. Allerdings sollte er auf keinen Fall zu trocken sein. Kreszenzen mit den Bezeichnungen "Brut" oder "Extra Brut" scheiden aus, auf dem Etikett sollte stattdessen "trocken" stehen, was beim Sekt deutliche Restsüße verspricht. Entsprechend kämen auch ein Champagner "demisec" oder ein ebensolcher Crémant von der Loire infrage.
Einen schlanken Duft nach Rosenblüten und exotischen Früchten bieten Gewürztraminer, am Gaumen sind sie voller fruchtigem Schmelz. Allerdings sollten sie, wenn sie zum Bonbon gereicht werden, möglichst trocken, also ohne Restsüße sein, wie etwa die Weine der Südtiroler Kellerei Tramin. Deren Lagen-Gewürztraminer Nussbaumer explodiert förmlich in der Nase und am Gaumen und hat neben opulenter Dichte und Länge auch eine ausgewogene, frische Säure.

Der Tipp: Temperatur

Von entscheidender Bedeutung beim Weingenuss ist die Serviertemperatur. Wer einmal einen zu warmen Weißwein oder einen zu kalten Rotwein getrunken hat, kann davon ein Lied singen. Eine der irreführendsten Faustregeln empfiehlt für Rotweine noch immer die "Zimmertemperatur" - diese Empfehlung stammt noch aus einer Zeit, als die Esszimmer in der Regel deutlich kühler waren als heutzutage - mit der Folge, dass viele Rotweine mit 20 und mehr Grad serviert werden und wie warme Marmelade über die Zunge laufen. Wärmer als 18 Grad sollte ein Rotwein nie sein, mit 15 bis 16 Grad kommen die meisten am besten zurecht, leichte Vertreter können aber auch noch zwei oder drei Grad kühler sein. Bei Weißweinen wird oft der umgekehrte Fehler gemacht: Sie werden zu kühl getrunken. Im Sommer auf der Terrasse mag das erfrischend sein, im Normalfall verliert ein Wein, der kälter als sechs Grad ist, jedoch jeglichen Duft und alle Ausstrahlung. Ein guter Richtwert ist die Zehn-Grad-Marke, schwere, gehaltvolle Weißweine vertragen aber auch gut ein oder zwei Grad mehr.

Gänseleber im Auslese-Gelee mit Artischocken-Nuss-Salat und gebackenen Kalbsbries

Zutaten für vier Personen:

für die Gänseleber

400 g	Gänseleber
2 cl	Portwein, weiß
2 cl	Cognac
1 cl	Madeira
6 g	Salz
2 g	Quatre-épices (Gewürzmischung)
5 g	Zucker
¼ l	Riesling Auslese
4	Blatt Gelatine

für den Artischocken-Nuss-Salat

4	Artischocken
1	Zitrone
40 g	Pinienkerne
50 ml	Walnuss-Öl
	Salz, Pfeffer

für die Kalbsbries

200 g	Kalbsbries
1	Ei
50 g	Mehl
100 g	Paniermehl, frisch gerieben
150 g	Butterschmalz
	Salz

Zubereitung:

Die Gänseleber vorsichtig von der Außenhaut lösen, den Kern aufschneiden und die Blutgefäße herausziehen. Die Leber in grobe Stücke schneiden, mit den Spirituosen und Gewürzen marinieren und für 24 Stunden in den Kühlschrank stellen. Danach die Leber in eine Terrinenform pressen, in einem Wasserbad bei 60 Grad etwa 30 Minuten pochieren und anschließend 24 Stunden im Kühlschrank auskühlen lassen. Gänseleber aus der Terrinenform lösen, in ein Zentimeter dicke Scheiben schneiden und mit einem Ring ausstechen.
Die Auslese in einem Topf leicht erwärmen und die eingeweichte Gelatine darin auflösen. Zum Einsetzen der Gänseleber die Metallringe auf ein Blech setzen und eine Stunde im Kühlschrank kühlen lassen. Nun das Blech herausnehmen und die Leber mit dem ausgekühlten Gelee schichtweise übereinandersetzen. Das Gelee muss vor dem nächsten Schichten immer schon leicht gelieren. Danach die gefüllten Formen sechs Stunden lang im Kühlschrank kühlen lassen.
Für den Salat die Artischockenherzen vom Stiel lösen, Blätter rundherum entfernen und mit einem Löffel die inneren Haarwurzeln aus dem Boden lösen. Die Artischocken danach in kochendem Salzwasser mit Zitronensaft blanchieren und abkühlen lassen. Pinienkerne in einer Pfanne ohne Fett langsam bräunen lassen und beiseitestellen. Artischockenböden halbieren, in gleich große Ecken schneiden und in einer heißen Pfanne mit Walnuss-Öl anbraten. Nun die Pinienkerne dazugeben und mit Salz und Pfeffer würzen.

Nun die Kalbsbries in kaltem Wasser wässern und danach in gleich große Stücke schneiden. Die Herzenstücke gleichmäßig panieren, in Butterschmalz goldbraun ausbacken und auf Küchenpapier abtropfen lassen.

Anrichten:

Die Gänseleber vorsichtig aus den Ringen lösen und auf einem Teller anrichten. Den warmen Artischocken-Nuss-Salat drumherum verteilen und die heißen, gewürzten Kalbsbries auflegen.

Hattenheimer Wisselbrunnen Riesling
"Erstes Gewächs", Weingut Hans Lang

Die Kombination

Einen passenden Begleiter zu diesem Gericht zu finden ist eine außerordentlich komplizierte Angelegenheit. Angesichts von Gänseleber und Nuss-Salat könnte man auf den ersten Blick vielleicht einem restsüßen Wein oder gar einem echten Süßwein den Vorzug geben. Der zweite Blick zeigt jedoch, dass die Süße bei dieser Kreation schon im Überfluss auf dem Teller zu finden ist. Außerdem verlangen vor allem die Artischocken mit ihrer zwar gut eingebundenen, aber noch spürbaren Säure und ihren leichten Bittertönen nach einem Wein mit mineralischer Würze ohne Süße und Fruchtaromen. Ein extraktreicher Riesling mit deutlichen Reifetönen kommt allen Komponenten auf dem Teller entgegen.

Der Wein

Johann Maximilian Lang führt ein für Rheingauer Verhältnisse junges Weingut. 1972 übernahm er den knapp zwanzig Jahre zuvor von seinem Vater Johann Josef in Hattenheim gegründeten Betrieb. Sein "Erstes Gewächs" aus dem Hattenheimer Wisselbrunnen ist ein kompakter, schmelziger Wein mit wunderbar langem Abgang. Wie alle Tropfen aus dieser Süd-Südwest-Lage mit ihren mittelschweren Mergelböden hat er ein enormes Reifepotenzial. Die gut strukturierte Säure bindet die trockene Frucht elegant ein, und auch nach acht oder mehr Jahren besitzt dieser Wein eine große Strahlkraft, die zur Gänseleber bestens zur Geltung kommt.

Die Alternativen

Auch weitere "Erste Gewächse" aus dem Hattenheimer Wisselbrunnen, etwa die gereiften Rieslinge vom Weingut Baron Knyphausen, sind als Begleiter dieser Gänseleber-Kalbsbries-Kreation durchaus zu empfehlen. Andere gealterte Rieslinge - auch aus anderen deutschen Anbaugebieten - scheiden wegen oft zu stark ausgeprägter Frucht und Süße fast sämtlich aus. Klassische Partner der Gänseleber, wie Sauternes aus dem Bordeaux oder der ungarische Tokajer, sind auf jeden Fall viel zu mächtig, körperreich und süß. Und auch ein toskanischer Vin Santo kommt wegen seiner ausgeprägten Karamelltöne nicht in Betracht.

Der Tipp: Schwierige Partner

Es gibt eine ganze Reihe von Speisen, die sich nicht auf Anhieb mit Wein verstehen - Artischocken gehören dazu. Vor allem ihr hoher Gehalt an Bitterstoffen gibt vielen Tropfen einen metallischen Geschmack. Je besser die Artischocken in ein Gericht eingebunden sind, desto besser verstehen sie sich dann aber auch mit dem begleitenden Wein. Diese Regel gilt ebenso für Spargel, Spinat und sogar Tomaten, die mit ihrer hohen Säure vor allem leichten Weinen ungemein zu schaffen machen können. Zwei echte Problemfälle sind Essig und Zitronensaft, sie können praktisch jeden Tropfen in die Knie zwingen, wenn sie beispielsweise in Salaten nicht sparsam genug dosiert werden. Schwierigkeiten haben viele Weine auch mit sehr kräftig oder extrem gewürzten Speisen, wie man sie zum Beispiel in der asiatischen oder mittel- und südamerikanischen Küche häufig findet. Hoch dosierter Chili und

andere Scharfmacher zwingen jeden Wein zur Kapitulation - in solchen Fällen ist man mit einem kühlen Bier besser beraten. Was zum Beispiel auch für Räucherfisch mit seinen dominierenden Raucharomen gilt. Ein nicht ganz einfacher Partner ist auch Schokolade, die viel Süße aufweist und deshalb nach einem - nicht immer leicht zu findenden - noch süßeren Begleiter verlangt. Im Übrigen ist schon beim Aperitif Vorsicht geboten: Gern werden kleine Knabbereien oder Snacks vor einem Essen gereicht. Erdnüsse sollte man dabei unbedingt vermeiden, und auch Oliven sind für leichte Weine viel zu pikant.

Dreierlei vom Kürbis mit Kaninchenpraline

Zutaten für vier Personen:

	für die Kürbissuppe
400 g	Kürbis
2	Schalotten
50 g	Butter
0,4 l	Geflügelfond (siehe Grundrezept S. 183)
0,2 l	Sahne
0,1 l	Apfelsaft
60 ml	Weißwein
1 TL	Balsamico-Essig, weiß
	Salz, Cayennepfeffer, Muskat, Sternanis, Zimt
4 g	geröstete Kürbiskerne
1 EL	Kürbiskernöl

Zubereitung:

Die Schalotten mit der Butter im Topf ohne Farbe anziehen. Den Kürbis in kleine Würfel schneiden und dazugeben. Mit Weißwein ablöschen und mit dem Geflügelfond auffüllen.
Dann den Apfelsaft, den weißen Balsamico-Essig und die Gewürze dazugeben und langsam zum Köcheln bringen. Die Sahne hinzufügen und weiter langsam köcheln. Schließlich mit dem Pürierstab mixen und durch ein Haarsieb passieren, abschmecken und in eine Tasse füllen. Die gerösteten Kürbiskerne und das Kürbiskernöl vorsichtig darauf verteilen.

	für die Kürbisbrühe
800 g	Kürbis, geschält
1,5 l	Geflügelfond (siehe Grundrezept S. 183)
0,2 l	Apfelsaft
1 TL	Balsamico-Essig, weiß
	Salz, Cayennepfeffer

Zubereitung:

Den Kürbis in kleine Würfel schneiden und mit dem Geflügelfond, dem Apfelsaft und dem weißen Balsamico-Essig kalt aufsetzen und langsam zum Kochen bringen. Mit Salz und Cayenne-Pfeffer abschmecken und durch ein Tuch passieren.

→

→

für die Einlage

20 g	Kürbis, geschält
20 g	Sellerie, geschält
10 g	grüne Zucchini (nur die Schale)
1	Zweig Zitronenthymian

Zubereitung:

Das Gemüse mit der Aufschnittmaschine in dünne Scheiben schneiden und anschließend kleine Rauten hinausschneiden. Die Rauten in die heiße Gemüsebrühe geben und kurz ziehen lassen.
In eine Tasse füllen und die Zitronenthymian-Spitzen dazugeben.

für die Kaninchenpraline

80 g	Kaninchenrücken, pariert
20 g	Geflügelfarce (siehe Grundrezept S. 183)
10 g	Gemüsewürfel
½ TL	Petersilie, gehackt
	Salz, Cayennepfeffer
	Panko (asiatisches Paniermehl)
	Mehl und Ei

Zubereitung:

Den Kaninchenrücken in Würfel schneiden und mit der Geflügelfarce, den Gemüsewürfeln und der gehackten Petersilie verrühren. Mit Salz und Cayennepfeffer abschmecken und zu kleinen Pralinen rollen. Schließlich in Mehl, dann in Ei und zuletzt in Paniermehl wenden und im Fettbad bei 180 Grad etwa drei Minuten ausbacken.

für das Kürbischutney

600 g	Kürbis zum Trocknen
120 g	Kürbis, geschält für Würfel
1	Schalotte
40 g	Butter
30 g	Ingwer
	Salz, Cayennepfeffer, Curry, Muskat

Zubereitung:

Den Kürbis zum Trocknen mit der Schale in Stücke schneiden und bei 150 Grad etwa zwei Stunden im Ofen auf einem Blech mit Gitter trocknen lassen. Die Schalotte in Butter anschwitzen, den Kürbis aus der Schale kratzen und mit in den Topf geben. Den Ingwer mit den restlichen Gewürzen dazugeben und mitkochen. Schließlich alles durch ein Passiersieb streichen. Den Kürbis in kleine Würfel schneiden und kurz sautieren. Das Kürbismark dazugeben und nochmals abschmecken.

Anrichten:

Suppe und Brühe in kleine Tassen füllen. Chutney in einem Schälchen anrichten, durch die gebackene Kaninchenpraline einen Spieß stecken und sie auf das Chutney legen. Alles in einem Gang gemeinsam servieren.

Erbacher Marcobrunn Riesling "Erstes Gewächs", Domänenweingut Schloss Schönborn

Die Kombination

Patrik Kimpels Kürbis-Dreierlei offeriert eine ganze Palette von Geschmackseindrücken: Das Creme-Süppchen hat Süße, einen deutlichen Muskatton und buttrigen Schmelz, die Brühe schmeckt kräftig nach würzigem Kürbis, und das Chutney bietet ein leichtes, süß-saures Spiel. Diese Vielfalt macht es dem begleitenden Wein nicht leicht. Um dem ganzen Spektrum der Aromen gewachsen zu sein, braucht er Gehalt - sprich: relativ viel Alkohol -, einen festen Körper und sowohl Frucht als auch Säure.

Der Wein

Schloss Schönborn ist eines der ältesten Weingüter Deutschlands. Seit 1349 gehört es der Familie der Grafen Schönborn und zählt im Rheingau zu den größten privaten Betrieben - mit Weinbergen in fast allen bekannten Lagen. Aus dem Erbacher Marcobrunn kommt mit dem "Ersten Gewächs" ein saftiger, stoffiger Riesling von ungeheurer Konzentration und eindringlicher Frucht. Wie die meisten anspruchsvollen Weine aus dieser deutschland- und weltweit renommierten Lage zwischen Erbach und Hattenheim ist auch der Marcobrunn von Schloss Schönborn sehr körperreich und hat ein gutes Lagerungspotenzial.
Mit seinem enormen Schmelz bindet er alle drei Kürbis-Variationen perfekt ein. Er sollte zu diesem Gericht allerdings nicht älter als vier Jahre sein.

Die Alternativen

Mit seiner klaren, reintönigen Frucht und guten Konzentration empfiehlt sich auch ein einfacherer, aber gleichwohl beeindruckender Wein als Begleiter für den Kürbis: Der Riesling "Unplugged" vom Weingut Tesch an der Nahe. Bei aller Jugendlichkeit und Frische hat dieser knochentrockene, fast durchgegorene Kabinett doch genügend Kraft, um die verschiedenen Aromen des Gerichts zusammenzuhalten.
Das könnte auch ein Weißburgunder aus dem Badischen schaffen - vorausgesetzt, er ist ohne Barrique ausgebaut, wie jener aus der Lage Oberbergener Bassgeige vom Weingut Franz Keller.
Auch ein gehobener Chablis kommt für diese Kreation infrage. Allerdings sollte er nicht ganz jung sein, sonst fehlt ihm die nötige Würze.

Der Tipp: Riechen

Wenn beim Kochen das Motto "Das Auge isst mit" gilt, dann beim Wein umso mehr der Grundsatz "Die Nase trinkt mit". Ohne das Geruchsorgan geht beim Genuss von Rebensaft nämlich so gut wie gar nichts. Das lange Schnuppern und "ins-Glas Hineinriechen", das man bei vielen Weinliebhabern und Fachleuten ein ums andere Mal beobachten kann, kommt nicht von ungefähr. Inzwischen ist wissenschaftlich belegt, dass das, was gemeinhin als Geschmack bezeichnet wird, tatsächlich eine Mischung aus Sinneseindrücken von Nase und Mund ist. In erster Linie liegt das daran, dass die Sinneszellen in unserem Geruchsorgan deutlich empfindlicher sind als jene auf der Zunge und am Gaumen.

Dementsprechend spielen die Eindrücke, die von den flüchtigen Bestandteilen des Weines ausgehen, für den "Geschmack" eine zumindest ebenso wichtige Rolle wie jene, die die festen und flüssigen Bestandteile liefern. Die Probe aufs Exempel ist schnell gemacht: Wer einmal Wein mit zugehaltener Nase getrunken hat, wird künftig sicher vor dem ersten Schluck immer erst die Nase zu ihrem Recht kommen lassen. Dabei ist übertriebene Schnupperarbeit gar nicht nötig. Aber einige Augenblicke, um dem Duft eines gerade servierten Weines auf die Spur zu kommen, sollte man sich schon Zeit nehmen.

Basilikum-Spinat-Cremesuppe mit pochiertem Wachtelei

Zutaten für vier Personen:

für die Suppe

8	Bund Basilikum
2	Bund Spinat
2	Schalotten
½	Lauchstange (nur das Helle verwenden)
¼	Sellerie geschält
1	Knoblauchzehe
0,1 l	Weißwein (Riesling trocken)
0,8 l	Geflügelfond (siehe Grundrezept S. 183)
0,5 l	Sahne
60 g	Butter
	Salz, Pfeffer, Muskat

für die Einlage

8	Wachteleier
1	Karotte
1	Zucchini, gelb
1	Zucchini, grün

Zubereitung:

Für die Suppe die Schalotten, den Lauch und den Sellerie klein schneiden und in Butter anschwitzen. Knoblauch dazugeben und mit Weißwein ablöschen. Dann den Geflügelfond dazugeben und reduzieren. Mit Sahne auffüllen, aufkochen und passieren.
Das Basilikum und den Spinat waschen, gut abtropfen lassen, klein schneiden und im Mixer mit der Suppe mixen. Mit Salz, Pfeffer und Muskat abschmecken.

Wasser mit einem Spritzer Weißwein, Essig und Salz zum Kochen bringen. Die Wachteleier aufschlagen und in eine Tasse geben. Nach und nach die Eier vorsichtig in das Wasser geben, nach zwei Minuten herausnehmen und auf einem Tuch abtropfen lassen.
Mit einem Ausstecher Gemüseperlen aus der Karotte, den gelben und grünen Zucchini stechen und in Salzwasser kurz blanchieren.

Anrichten:

Die Gemüseperlen in die Mitte eines tiefen Tellers geben. Die pochierten Wachteleier darauflegen und die angeschäumte Suppe vorsichtig angießen.

Rauenthaler Nonnenberg Riesling,
Weingut Georg Breuer

Die Kombination

Der Wein, der die Basilikum-Spinat-Creme begleiten soll, muss die gleichen Qualitäten haben wie die Suppe selbst: Er sollte viel Kraft und Würze mitbringen und eine große Länge - sonst kann er nicht bestehen. Schlanke oder fruchtige Tropfen müssten angesichts der Dominanz der Kräuteraromen von Basilikum und Spinat und der tiefen Würze kapitulieren. Daran ändert auch die ganz feine Süße der Suppe und die Schmelzigkeit des pochierten Wachteleis nichts.

Der Wein

Ein "Erstes Gewächs", das sich nicht so nennen darf, weil der Rheingauer Weinbauverband die Lage dafür nicht zugelassen hat - und das, obwohl der inzwischen verstorbene Bernhard Breuer einst das Projekt der Klassifizierung angestoßen hatte: Noch immer wirft der Ende der neunziger Jahre geführte Streit um den Nonnenberg, der sich im Alleinbesitz des Weingutes Breuer befindet, einen Schatten auf die Klassifizierungen im Rheingau. Das Rüdesheimer Gut, das inzwischen von Bernhards Bruder Heinrich geführt wird, gehört dem Verband nicht mehr an - Spitzengewächse von Weltruf erzeugt es dennoch. In der Monopol-Lage Nonnenberg am Rauenthaler Berg wird ausschließlich Riesling angebaut. Der von Schiefer und Quarzit geprägte Boden bringt ausgesprochen kräftige, mit würziger, mineralischer Säure und hohem Extrakt ausgestattete Weine hervor, die in einem Alter zwischen drei und sechs Jahren ihre ganze Kraft entfalten.

Die Alternativen

Von ähnlich kraftvoller Mineralität wie Breuers Nonnenberg sind auch die rheinhessischen Rieslinge vom berühmten "Roten Hang" zwischen Nackenheim und Nierstein. Die Spitzengewächse aus den Lagen Rothenberg, Pettenthal, Hipping und Ölberg zählen zu den bekanntesten deutschen Weinen überhaupt und haben auch in Übersee eine große Fangemeinde. Das "Große Gewächs" aus dem Niersteiner Ölberg vom Weingut Kühling-Gillot ist ein großer Vertreter dieser ausgewogenen, mineralisch-eleganten Weine.
Ganz anders - aber zur Suppe ebenso passend - sind die Weine der Winzer der Pannobile-Gruppe im österreichischen Burgenland. Mit dem Vorsatz, charaktervolle Tropfen aus heimischen Sorten mithilfe von extremer Ertragsreduzierung und schonendem Barrique-Ausbau zu vinifizieren, produzieren die Mitglieder jedes Jahr je eine Rot- und eine Weißwein-Cuvée. Der weiße Pannobile vom Weingut Renner in Gols ist ein Paradebeispiel.
Wer es einfacher und unkomplizierter mag, öffnet einen jungen Bordeaux Blanc zu der Basilikum-Spinat-Suppe - auch das ist eine gute Paarung.

Der Tipp: Wein zur Suppe

Ein hartnäckiges Vorurteil besagt, Weine seien zur Begleitung von Suppen ungeeignet. Überhaupt seien Getränke zu mehr oder weniger flüssigen Gerichten unnötig. Wie verfehlt diese Auffassung ist, zeigt Patrik Kimpels Basilikum-Spinatsuppe, deren würziger Kräuterschmelz mit dem passenden Wein eine erstaunliche Ergänzung erfährt.
Auch andere Creme-Suppen bis hin zur deftigen, gebundenen Kartoffelsuppe vertragen sich bestens mit würzigen Weißweinen. Und eine Bouillabaisse kann sich sogar mit einem kräftigen Rotwein anfreunden, etwa einem provenzalischen Bandol, der auch gut zu gegrillten Meeresfrüchten passt. Selbst zur einfachen Fleischbrühe muss das Glas nicht leer bleiben: Ein Madeira oder ein trockener Sherry adeln sie zu einem Hochgenuss.

Hauptspeisen

Loup de mer auf Fenchelstroh flambiert, mit Paprika und Fenchel im Safransud

Zutaten für vier Personen:

	für den Loup de mer
1,5 kg	Loup de mer
6 cl	Pernod
20	Stück Miesmuscheln
	etwas Weißwein

	für die Muscheln
½	Staudensellerie
2	Schalotten
3	Champignons, weiß
2	Karotten
1	Knoblauchzehe

	für das Paprika- und Fenchel-Gemüse
1	Paprika, rot
1	Paprika, gelb
1	Fenchelknolle
5 g	Safranfäden
1	Schalotte

	für das Pesto
100 g	Basilikum
0,1 l	Olivenöl
10 g	Pinienkerne
10 g	Parmesan, gerieben
1	Knoblauchzehe

Fenchelstroh im Feinkostladen kaufen

Zubereitung:

Die Muscheln waschen und die Bärte entfernen. Das Gemüse mit dem Knoblauch und dem Thymian anschwitzen, die Muscheln in den Topf dazugeben. Dann mit etwas Weißwein ablöschen und bei geschlossenem Topf vier Minuten ziehen lassen. Die Muscheln herausnehmen und kalt stellen.

Für das Gemüse die Paprika schälen und ebenso wie den Fenchel und die Schalotte in feine Streifen schneiden. Die Abschnitte durch den Entsafter drücken, daraus ergibt sich der Fond. Dann das Gemüse in einem Topf anschwitzen, mit dem Gemüsefond ablöschen. Schließlich die Safranfäden dazugeben.

Den Loup de mer salzen, pfeffern und auf der Haut kurz anbraten. Dann bei 180 Grad etwa 20 Minuten im Ofen garen. Herausnehmen und auf dem Fenchelstroh mit Pernod flambieren und anschließend filetieren.

Anrichten:

Das Gemüse mit dem Safransud auf dem Teller verteilen, den Loup de mer auf dem Gemüse anrichten. Die Muscheln um den Fisch legen, und das Pesto in kleinen Punkten auf dem Teller garnieren.

Kiedricher Gräfenberg Riesling "Erstes Gewächs", Weingut Robert Weil

Die Kombination

Saftig-zarter, mit Pernod flambierter Fisch und ein würziger, leicht pikanter Sud von Fenchel, Paprika und Safran: Schlanken Weinen macht diese Kombination schnell den Garaus. Schon ein Riesling Kabinett, so mineralisch und würzig er auch sei, kommt da nicht mehr mit. Es muss schon etwas kräftiger und gehaltvoller sein. Und auch fruchtige Vertreter, die mit Schmelz und Fülle daherkommen, stehen auf verlorenem Posten.

Der Wein

Das Weingut Robert Weil ist gewissermaßen das Flaggschiff im Rheingau. Kein anderer Betrieb der Region hat weltweit einen solchen Ruf, kein anderer Name steht so kompromisslos für Rieslinge der Spitzenklasse, ob im trockenen oder edelsüßen Bereich. Der Kiedricher Gräfenberg ist die Paradelage des Gutes: Etwas mehr Zeit zur Reife als in den meisten anderen Weinbergen des Rheingaus haben die Trauben an diesem steilen, geschützten, aber dennoch gut belüfteten Südwesthang. Das "Erste Gewächs" vom Weingut Weil kombiniert klare, reintönige Fruchtaromen - vor allem Zitrus und Grapefruit - mit starken mineralischen Noten. Die starke, außerordentlich stabile Säure trifft auf einen hohen Extrakt, so zeigt der Wein auch schon in jungen Jahren sowohl Kraft als auch Eleganz.

Die Alternativen

Loup de Mer und Sauvignon Blanc ergänzen sich bestens - auch bei diesem Gericht. Allerdings sollte der Wein, ob nun aus seinem Mutterland Frankreich oder anderen Anbaugebieten, in diesem Fall nicht in Eichenholz ausgebaut sein, denn die Barrique-Weinen eigene buttrige Schmelzigkeit ist hier fehl am Platz. Ein strahlendes Beispiel für einen klaren, kräftigen Sauvignon Blanc liefert ein Brüderpaar aus der Südsteiermark: Erich und Walter Polz vinifizieren Sauvignon Blanc aus verschiedenen Lagen, verbinden dabei gekonnt Kraft und Raffinesse und müssen deshalb den Vergleich mit den Franzosen nicht scheuen. Klassische französische Rosé-Weine sind für dieses Gericht viel zu fruchtig - ein trockener deutscher Weißherbst dagegen käme mit der enormen Würze durchaus zurecht. Viele gute Tropfen dieser Art kommen von der Ahr - der beste Spätburgunder Weißherbst stammt vom Weingut Meyer-Näkel in Dernau.

Der Tipp: Vergleichen

Sich den Charakter eines Weines einzuprägen und sich im Fall der Fälle auch daran zu erinnern, ist gar nicht so leicht. Selbst Profis - Sommeliers, Fachhändler, Weinkritiker und Winzer - brauchen lange Jahre der Erfahrung, bis sie diese Kunst beherrschen. Und selbst dann sind sie nicht selten auf Notizen angewiesen. "Normaltrinker" haben meist weniger Mühe, sich den Namen als den Geschmack eines Weines ins Gedächtnis zu rufen. Übung macht aber auch hier den Meister, und eine einfache und wenig kostspielige Methode, dem eigenen Urteilsvermögen auf die Sprünge zu helfen, besteht darin, zum Essen immer zwei Flaschen statt nur eine Flasche zu öffnen. Wer seine persönlichen Vorlieben kennenlernen will, stellt zum Beispiel zur Rotbarbe ein Glas Riesling und eines mit Rosé oder in Barrique gereiftem Chardonnay auf den Tisch. Im direkten Vergleich ohne jegliche Zeitverzögerung lernt der Geschmackssinn schnell seine Lektion. Und da die meisten Weine sich problemlos einige Tage im Kühlschrank aufbewahren lassen, läuft man mit dieser Methode nicht einmal Gefahr, mehr als üblich zu trinken - nur bewusster.

Bretonischer Seeteufel mit Paprika-Zucchini-Chutney, Bohnen-Tomaten-Melange, gebackener Langostino-Praline in Tandoori und Rieslingsekt-Sauce

Zutaten für vier Personen:

für den Seeteufel

600 g	Seeteufel-Filet
1	Zweig Rosmarin
	Olivenöl
	Salz
	Kubebenpfeffer

für das Paprika-Zucchini-Chutney

1	Paprika, rot
1	Paprika, gelb
1	Zucchini, grün
2	Schalotten
1	kleine Knoblauchzehe
1 TL	Thymian, frisch geschnitten
100 ml	Tomatensaft
	Olivenöl
	Salz
	Olivenpfeffer

für die Bohnen-Tomaten-Melange

200 g	Bohnenkerne, grün, frisch
3	Tomaten
200 ml	Gemüsefond (s. Grundrezept S. 185)
1 TL	Bohnenkraut, frisch geschnitten
50 g	Butter
	Salz
	Muskat

für die Langostinos

6	Langostinoschwänze
2 g	Tandooripulver
50 g	Mehl
1	Ei
100 g	Pankobrösel
200 g	Butterschmalz
	Salz

Rieslingsekt-Sauce (s. Grundrezept S. 188)

Zubereitung:

Für das Chutney Paprika und Schalotten schälen und in feine Würfel schneiden. Die Zucchini ebenfalls fein würfeln und die geschälte Knoblauchzehe mit etwas Salz fein zerdrücken. Nun das Gemüse in einer Pfanne mit Olivenöl anschwitzen, den Tomatensaft zugeben und einkochen lassen. Danach den Thymian untermengen und mit Salz sowie Olivenpfeffer abschmecken.

Für die Melange die Tomaten vom Strunk befreien, die gegenüberliegende Seite leicht einschneiden und in kochendem Salzwasser kurz blanchieren. Danach die Tomaten in Eiswasser abkühlen die Haut entfernen und vierteln. Nun das Kerngehäuse herauslösen, die Tomatenfilets in Streifen schneiden und würfeln. Nun die Bohnenkerne in etwas Butterschmalz sautieren, mit Gemüsefond ablöschen und darin gar kochen. Das Bohnenkraut und die Tomatenwürfel hinzugeben, mit kalter Butter montieren und würzen.

Die Langostinoschwänze aus der Schale brechen, den Darm am Rücken entlang entfernen. Das Fleisch klein schneiden, mit Tandooripulver und Salz würzen und zu kleinen Kugeln formen. Diese Kugeln panieren und in heißem Butterschmalz goldbraun ausbacken.
Den Seeteufel in Medaillons schneiden und in Olivenöl mit Rosmarin braten.

Anrichten:

Das Paprika-Zucchini-Chutney mittig auf den Teller geben, die Bohnen-Tomaten-Melange rundherum verteilen und den Seeteufel aufsetzen. Die gebackene Langostino-Praline mit einem Thymianzweig spicken und auf den Fisch aufstecken. Schließlich die Rieslingsekt-Sauce napieren.

Kabinett Charta Riesling, Weingut Johannishof

Die Kombination

Die Sauce vom Rieslingsekt gibt diesem Gericht die entscheidenden Impulse - und stellt den Wein, der dazu auf den Tisch kommen soll, vor eine echte Herausforderung. Mit so viel Säure und Butterigkeit kommen nicht alle Tropfen zurecht, die milden Röstaromen des Fisches und die kräuterige Würzigkeit des Gemüses machen da schon weniger Schwierigkeiten. Säurebetonte, im Barrique gereifte oder bereits gealterte Weine scheiden hier vollkommen aus - stattdessen sollte der Begleiter dieses Gerichts zwar trocken, aber voller Frucht und Schmelz sein.

Der Wein

Johannes und Sabine Eser führen den Familienbetrieb Johannishof, dessen Ursprünge auf das Jahr 1790 zurückgehen, schon in zehnter Generation. Sie bewirtschaften Weinberge im traditionsreichen Johannisberg, aber auch in Winkel, Geisenheim und in Rüdesheimer Spitzenlagen. Der Kabinett Charta vom Johannishof hat einen Tick mehr Restsüße als trockene Rieslinge, bleibt aber deutlich hinter den üblichen halbtrockenen zurück. Diese äußerst dezente Süße bindet die zweifellos vorhandene, aber im Resultat nicht übermäßig spürbare Säure perfekt ein. Dazu verbindet der Wein eine strahlende Mineralität, die schon in der Nase deutlich zu spüren ist, mit einem schönen fruchtigen Schmelz. Zum Seeteufel sollte er jung getrunken werden und nicht älter als zwei oder drei Jahre sein.

Die Alternativen

Mit der enormen Säure der Rieslingsekt-Sauce können sich am besten Weine arrangieren, die ihrerseits nur schwache Säure aufweisen und ansonsten viel Kraft und Schmelz haben. Weißburgunder aus der Pfalz zeigen genau diese Charakteristika - zu empfehlen ist beispielsweise das "Große Gewächs" Im Sonnenschein vom Weingut Ökonomierat Rebholz in Siebeldingen mit seiner gewaltigen Schmelzigkeit und Fülle.
Robust, opulent und mit niedrigem Säuregehalt kommen auch die Grauburgunder des Elsass daher, das Weingut Trimbach in Ribeauvillé präsentiert mit seinem Pinot Gris Reserve einen typischen Vertreter dieser Stilistik. Schließlich könnte es auch ein Sauvignon Blanc aus Übersee mit dem Seeteufel und seiner Sauce aufnehmen. Vorausgesetzt, er hat kein Barrique gesehen und zeigt die typischen intensiven Aromen von Stachelbeeren und Zitrusfrüchten, wie zum Beispiel der Groenekloof Sauvignon Blanc vom südafrikanischen Winzer Neil Ellis oder der elegante Sauvignon Blanc des neuseeländischen Weingutes Nautilus.

Der Tipp: Wein zum Kochen

Manche Köche behaupten, für eine erstklassige Rotwein-Sauce sei nichts anderes als ein ebenfalls erstklassiger Wein tragbar. Das ist natürlich eine Übertreibung, denn wer würde schon für eine Jus auf Barolo-Basis den teuersten Tropfen aus dem Keller oder für die Rieslingsekt-Sauce zum Seeteufel den besten Winzersekt weit und breit nehmen? Allerdings kann natürlich ein miserabler Trinkwein auch niemals ein akzeptabler Kochwein sein. Qualität zeigt sich nicht nur im Glas, sondern auch im Topf. Und so kommt für eine Burgunder-Sauce ein einfacher, aber gehaltvoller Pinot Noir und für eine Riesling-Sauce ein günstiger, aber sauberer Gutsriesling in Frage - weder Billigtropfen noch Spitzengewächse.

In einem normalen Haushalt können im Übrigen auch die Weinreste der vergangenen Tage ohne schlechtes Gewissen den Weg in den Topf finden. Nur sollten sie zuvor ebenso pfleglich behandelt und vor allem gekühlt werden wie jene Tropfen, die noch getrunken werden sollen.

Felsenrotbarbe mit Kräuterspinat, Bohnen-Schnecken-Ravioli und Estragonbutter

Zutaten für vier Personen:

für die Rotbarbe

2	Rotbarben à 500 g
1	Zweig Rosmarin
	Olivenöl
	Salz

für die Bohnen-Schnecken-Ravioli

150 g	weiße Bohnenkerne
2	Schalotten
4	Zweige Bohnenkraut
500 ml	Gemüsefond (siehe Grundrezept S. 185)
	Salz
100 ml	Sahne
200 g	Weinbergschnecken
1	Schalotte
1	kleine Knoblauchzehe
1 TL	Bohnenkraut, frisch geschnitten
1 kg	Nudelteig (siehe Grundrezept S. 188)

für den Spinat

400 g	junger Blattspinat
2	Schalotten
30 g	Kerbel, gezupft
10 g	Estragonspitzen
20 g	Broncefenchel
	Butter
	Salz
	Muskat

für die Estragonbutter

¼ l	Fischfond (siehe Grundrezept S. 192)
178 l	Sahne
2	Schalotten
4 cl	Estragon-Essig
100 g	Butter
	Salz

→

Zubereitung:

Für die Bohnen-Schnecken-Ravioli die weißen Bohnenkerne in kaltem Wasser einweichen. Schalotten schälen, in kleine Würfel schneiden und in einem Topf mit Olivenöl anschwitzen. Die Bohnenkerne über ein Sieb abgießen und zu den Schalotten geben. Das Bohnenkraut mit dem Gemüsefond zugeben, weich garen und die Sahne einrühren. Noch mal kurz köcheln lassen und im Mixer fein pürieren. Danach das Püree durch ein feines Sieb streichen und mit etwas Salz abschmecken. Die Weinbergschnecken säubern, klein schneiden und mit der in kleine Würfel geschnittenen Schalotte und Knoblauchzehe in Olivenöl anschwitzen. Das Bohnenkraut untermengen, auskühlen lassen und danach unter das Bohnenpüree heben. Nudelteig dünn ausrollen, kleine Häufchen der Bohnen-Schnecken-Masse aufsetzen und mit einer weiteren Nudelplatte bedecken. Schließlich mit einem Ravioli-Ausstecher oder gewelltem Ring die Häufchen ausstanzen und in kochendem Salzwasser garen.

Den Spinat von den Stielen befreien, in kaltem Wasser säubern und auf einem Sieb abtropfen lassen. Die geschälten, klein geschnittenen Schalotten in Butter anschwitzen und den Spinat zugeben. Kurz sautieren, die Kräuter hinzugeben und mit Salz sowie Muskatnuss abschmecken.

Für die Estragonbutter zunächst die Schalotten schälen und in kleine Würfel schneiden. Danach in Butter anschwitzen, mit dem Essig ablöschen und den Fischfond zugeben. Den Fond mit dem Estragon auf die Hälfte einkochen, Sahne hinzugeben und nochmals kurz köcheln lassen. Nun durch ein kleines Sieb passieren, mit kalten Butterwürfeln montieren und mit Salz abschmecken.

Die Rotbarbe von den Schuppen befreien und die Filets herauslösen. Danach mit einer Pinzette die Gräten ziehen und den Bauchlappen abschneiden. Die Rotbarbenfilets kurz vor dem Servieren in einer Pfanne mit Olivenöl und Rosmarin auf der Hautseite anbraten, kurz wenden und würzen.

Anrichten:

Den Spinat auf den Teller geben, mit den Ravioli umlegen. Die Rotbarbenfilets auf den Spinat setzen, und zum Schluss mit der Estragonbutter napieren.

Rüdesheimer Berg Schlossberg Riesling
"Erstes Gewächs", Weingut August Kesseler

Die Kombination

Bei einem Gericht, das soviel Kräuterduft und -geschmack verströmt, kann die Wahl nur auf einen Wein voller Kraft und Gehalt fallen. Mineralität statt Frucht muss das Motto lauten. Statt fruchtigem Schmelz braucht dieser Tropfen würzige Bodennoten und eine gute Länge, sonst sieht er gegen die mit einem starken Eigengeschmack gesegnete Rotbarbe, die kräuterigen Schnecken, den aromatischen Spinat und die kraftvolle Estragon-Würze der Sauce ganz schnell ganz alt aus.

Der Wein

Der Name August Kesseler steht eigentlich für Rotwein. Mit einer an Besessenheit grenzenden Konsequenz keltert der Mann aus dem Assmannshäuser Höllenberg Spätburgunder von selten erreichter Klasse. Dass auch seine Rieslinge, die sämtlich aus Lagen vom Rüdesheimer Berg stammen, mit zum Besten gehören, was man im Rheingau bekommt, gerät dabei mitunter etwas in den Hintergrund. Sein "Erstes Gewächs" aus dem Rüdesheimer Berg Schlossberg ist ein Kraftprotz, dem man die von Schiefer geprägte Steillage, aus der er kommt, förmlich anschmeckt. Er beeindruckt mit offensiver mineralischer Säure und einer wuchtigen Würze. Dieser Wein hat Muskeln - aber auch eine elegante, extraktreiche Seite mit dezenten Pfirsich- und Zitrusnoten. Zur Rotbarbe sollte er nicht älter als zwei oder drei Jahre sein.

Die Alternativen

Auch Weine ohne offensive Säure müssen das Duo von Rotbarbe und Schnecke nicht fürchten - allerdings brauchen sie dann umso mehr Standhaftigkeit. Relativ junge Silvaner aus Franken können durchaus in die engere Wahl kommen, aber nur solche breitschultrigen Vertreter wie das "Große Gewächs" vom Iphöfer Kronsberg vom Weingut Hans Wirsching.
Kraftvoll genug sind auch viele in Barrique ausgebaute Chardonnays aus der neuen Welt. Allerdings dürfen sie nicht zu buttrig und schmelzig daherkommen und sollten stattdessen etwas mehr Biss haben, wie etwa der "Mer et Soleil" vom Weingut Caymus im Napa Valley, der diese Eigenschaft auch bei älteren Jahrgängen noch zeigt. Schließlich passt zur Rotbarbe auch Rosé aus der Provence. Der bekannteste Produzent ist die Domaines Ott, aber es gibt auch eine ganze Reihe weiterer Winzer, die sich auf trockene Weine dieser Art verstehen.

Der Tipp: Rosé

Rosé ist Rotwein, der wie Weißwein gekeltert wurde: Diese Formel ist ein wenig schlicht, aber sie trifft den Kern der Sache. Während Rotweine auf der Maische liegen und der entstehende Gäralkohol die Farbe aus den Schalen der Trauben löst, wird für einen Roséwein der Most aus den Trauben gepresst und vergoren. Auf diese Weise lassen sich tatsächlich ganz und gar weiße Weine gewinnen ("Blanc de noirs"), je intensiver aber gepresst wird, desto mehr Farbe bekommt der Wein - von Blass-Rosa bis Hellrot. Ein Weißherbst ist ein Rosé, der nur aus einer einzigen Rebsorte gewonnen wurde. Entgegen der erstaunlich weit verbreiteten Annahme sind diese Weine also nicht das Produkt eines Verschnittes, sprich: einer Mischung, von Rot- und Weißweinen. Solche Kompositionen sind eher selten und tragen in Deutschland die Bezeichnung "Rotling".

Petersilien-Cannelloni mit Kalbsbacken-Ragout gefüllt, Steinpilze und Rotweinschalotten

Zutaten für vier Personen:

für das Kalbsbacken-Ragout

1 kg	parierte Kalbsbacken
1	Karotte
¼	Sellerieknolle
2	Zwiebeln
3	Knoblauchzehen
4	Lorbeerblätter
3	Zweige Rosmarin
8	Zweige Thymian
0,75 l	Weißwein (Riesling trocken)
40 g	Tomatenmark
2 l	Kalbsfond (siehe Grundrezept S. 192)
10	Korianderkörner
10	Pimentkörner
6	Wacholderbeeren
8	Pfefferkörner
1/8 l	Portwein, rot
20 g	Butter
	Salz, Öl

für die Rotweinschalotten

16	kleine Schalotten
1	Lorbeerblatt
1 TL	Zucker
1/8 l	Portwein, rot
¼ l	Rotwein
	Öl

für den Nudelteig

500 g	Nudelmehl
4	Eier
2	Bund Petersilie
12	Stück Lauchzwiebeln
250 g	Steinpilze

Zubereitung:

Für das Ragout die parierten Kalbsbacken mit dem in Würfel geschnittenen Gemüse, den Kräutern und dem Wein in einer Schale fünf Tage lang im Kühlschrank marinieren.
Danach den Fond durch ein Sieb in einen Topf passieren und aufkochen lassen. Den aufsteigenden Schaum abnehmen. Die Backen leicht würzen und in einer Pfanne anbraten.
Das Wurzelgemüse aus der Marinade in einem Topf mit etwas Öl anbraten, mit Tomatenmark tomatisieren, mit dem aufgekochten Fond ablöschen und reduzieren.
Nun das Backenfleisch herausnehmen und die Sauce durch ein feines Küchensieb passieren. Danach das Fett abnehmen, den Portwein mit den Gewürzen in einem Topf einkochen und den Kalbsbackenfond hinzugeben. Den Fond auf ein Drittel einkochen, durch ein feines Küchensieb passieren und mit etwas kalter Butter montieren.
Die Kalbsbacken in Würfel schneiden, mit etwas Sauce erhitzen und die in kleine Würfel geschnittenen, sautierten Steinpilze hinzugeben.

Für den Nudelteig die Petersilienblätter waschen und mit etwas Wasser mixen. Nun das Petersilienwasser in einem Topf zum Kochen bringen und die oben aufsteigende grüne Matte abnehmen. Das Mehl, Eier, Öl sowie die grüne Matte zügig zu einem glatten Teig kneten. Den Nudelteig dann eine Stunde lang abgedeckt ruhen lassen und danach mit der Nudelmaschine dünn ausrollen. Den ausgerollten Teig in gleich große Vierecke schneiden (neun mal neun Zentimeter) und in Salzwasser garen. Danach herausnehmen, mit dem Kalbsbacken-Ragout füllen und aufrollen.
Die geschälten Schalotten in etwas Öl kurz anschwitzen und Lorbeer sowie Zucker beigeben. Mit Rotwein, Portwein ablöschen und kurz gar kochen. Die Lauchzwiebeln kurz blanchieren, abtropfen lassen und in der Pfanne sautieren.

Anrichten:

Die aufgerollten Cannelloni auf einen heißen Teller setzen, Rotweinschalotten, Lauchzwiebeln und Steinpilze darauf verteilen und mit der Rotweinsauce napieren.

Rauenthaler Baiken Riesling "Erstes Gewächs", Hessische Staatsweingüter

Die Kombination

Die Kalbsbacken-Cannelloni mit Steinpilzen fordern die Assoziation "Waldboden" förmlich heraus. Fleischig und würzig - fast wie ein Kalbsbraten - sind die geschmorrten Backen, die Petersiliennudeln verströmen Kräuternoten, und die Steinpilze mit ihrem buttrigen Pilzaroma führen den Geschmackssinn geradewegs in den Forst. Statt Säure braucht der Wein zu diesem herbstlichen Gericht viel würzigen Schmelz und einen breiten Körper voller Gehalt. Und noch eins: Jung sollte dieser Tropfen unbedingt sein.

Der Wein

Mit etwa 200 Hektar Anbaufläche sind die Hessischen Staatsweingüter das größte Weingut Deutschlands. Der Betrieb besteht aus sechs einzelnen Weinbaudomänen, fünf davon liegen im Rheingau, eine an der Hessischen Bergstraße. Eine der bekanntesten Traditionslagen der Staatsweingüter ist der Rauenthaler Baiken, dessen Name sich vom althochdeutschen bougen, sprich: biegen, ableitet. Der Weinberg liegt nämlich in der Beuge des Rauenthaler Berges und fällt steil zum Sulzbach hin ab. Geprägt von mittel- und tiefgründigen Phyllitböden bringt die Lage meist volle, fruchtige Weine hervor, bei denen die Säure nicht im Vordergrund steht. Und so ist auch das "Erste Gewächs" mit hohem Fruchtextrakt und erstaunlichem Schmelz ausgestattet. Dazu kommen delikate Zitrus-, Apfel- und Birnenaromen, eine feine Würze und mineralische Noten.

Die Alternativen

Zurückhaltende Säure und kräftige Würze - damit können auch manche Weißburgunder punkten. Im Weingut Bernhard Huber aus dem südbadischen Malterdingen zum Beispiel wird ein "Großes Gewächs" vom Malterdinger Bienenberg gekeltert, das schon in jungen Jahren voller Kraft, reintöniger, reifer Frucht und delikater Würze ist. Wald- und Pilzaromen harmonieren allerdings meist auch sehr gut mit roten Tropfen. Aus deutschen Landen bieten sich vor allem trockene Weine aus der alten Qualitätstraube Lemberger an. Trotz ihrer Robustheit und ihrer tiefen rubinroten Farbe sind sie meist nicht allzu schwer und dominant. Das "Große Gewächs" vom Neipperger Schlossberg vom Weingut des Grafen Neipperg im württembergischen Schwaigern bringt dazu eine volle toastige Würze, üppige Beerenfrucht und eine angenehme, sehr milde Säure mit. Ähnliche Qualitäten haben auch leichte, junge Barberas aus dem Piemont. Traditionswinzer Bruno Giacosa beispielsweise versteht sich blendend auf diesen Stil.

Der Tipp: Große Flaschen

Je größer die Flasche, desto besser der Wein: Diese Faustregel ist so richtig, wie sie falsch ist. Bei Champagner, der gern in ausgesprochen repräsentative Großflaschen gefüllt wird, spielt das Fassungsvermögen des Gebindes zum Beispiel keine Rolle. Schließlich sollte Champagner und anderer Schaumwein niemals alt werden - egal in welcher Flasche. Der einzige Vorteil, den große vor kleinen Flaschen nun einmal haben, ist die Tatsache, dass sie ihren Inhalt nicht so schnell reifen und altern lassen. Und das ist bei Rotweinen ein oftmals nicht geringes Argument dafür, einen besonders langlebigen, guten Tropfen in eine Magnum oder eine Doppelmagnum zu füllen. Alle anderen Größen sind, so ansehnlich und beeindruckend sie - nicht zuletzt durch die Marotte, sie nach Königen des Alten Testaments zu benennen - auch sein mögen, letztlich vor allem wegen ihres Kuriositätenwerts beliebt.

Rinderfilet mit Trüffel-Gänseleberrosette

Zutaten für vier Personen:

4	Medaillons à 150 g Rinderfilet
200 g	Gänseleber
60 g	eingekochte Wintertrüffel
1	Zweig Thymian
1	Zweig Rosmarin
5 g	Butterschmalz
5 g	Butter

Zubereitung:

Die Rinderfilet-Medaillons in einer heißen Pfanne mit Butterschmalz von beiden Seiten anbraten. Dann auf einem Blech im vorgeheizten Ofen bei 170 Grad etwa sechs Minuten garen. Schließlich mit der Butter und den Kräutern die Medaillons nachbraten.

Die Gänseleber und die Trüffel in Scheiben schneiden und ausstechen.
In einen Ausstecher die Gänseleber und die Trüffel abwechselnd legen und auf das Rinderfilet setzen, mit brauner Butter beträufeln und mit Meersalz würzen.

Spätburgunder "Cuvée Daniel", Weingut Georg Müller Stiftung

Die Kombination

Dunkles, saftiges Fleisch, würzig-süßlicher Trüffel, schmelzig-fettige Gänseleber: Diese klassische Kombination kann nur ein Wein mit viel Gehalt, offensiver Frucht und großer Tiefe veredeln. Zu viele Gerbstoffe und kräftige Würze wären hier fehl am Platz - Weine aus dem Bordeaux scheiden also aus. Fruchtig-beerige Pinots und andere rote Tropfen dieser Charakteristik kommen bei diesem Gericht viel besser zum Zuge.

Der Wein

Das Weingut Georg Müller Stiftung hat seit der Privatisierung im Jahr 2003 einen enormen Aufschwung genommen. Peter Winter, der den Betrieb von der Stadt Eltville erwarb, hat mit umfangreichen Investitionen nicht nur dem beeindruckenden Gebäudeensemble in Hattenheim zu neuer Blüte verholfen. Auch die Weine gehören dank strengem Qualitätsmanagement wieder zu den besten der Region. Die Cuvée "Daniel" vermählt nicht unterschiedliche Rebsorten miteinander, sondern Spätburgunder aus verschiedenen Hattenheimer Lagen. Der klassische Ausbau in Stahltanks und großen, alten Holzfässern verleiht diesem Tropfen eine elegante, fruchtige Prägung, wie es für Spätburgunder aus dem Rheingau so typisch ist.

Die Alternativen

Ein typisch österreichischer Begleiter zum Rinderfilet ist die spät reifende Rebsorte Blaufränkisch, die in Württemberg den Namen Lemberger trägt. Die tiefdunklen, mit vollen Beeren- und Fruchtaromen, aber auch kräftigen Gewürztönen ausgestatteten Weine dieser Traube kommen vor allem aus dem Burgenland - einer der besten vom Weingut Heinrich in der Gemeinde Gols, das zur Gruppe der Pannobile-Winzer gehört und in den vergangenen Jahren auch hierzulande für viel Aufmerksamkeit gesorgt hat.

Ein guter Partner für Rinderfilet und auch Trüffel ist immer ein Barolo aus dem Piemont. Die Auswahl ist groß, und nicht nur der legendäre Angelo Gaja mit seinem hochgelobten, aber auch extrem hochpreisigen "Sperrs" bietet vollendeten Genuss. Auch Erzeuger wie Mauro Veglio oder das Weingut Azelia vinifizieren überzeugende, moderne Barolos von großer Tiefe und Fülle. Überhaupt passen Weine aus der Nebbiolo-Traube hervorragend zu dunklem Fleisch.

Eine weiße Alternative schließlich kommt aus dem Rheingau: Das Weingut Fürst Löwenstein in Hallgarten keltert aus der sanft rheinwärts geneigten Hanglage Hallgartener Schönhell ein "Erstes Gewächs" von enorm vollem, fruchtigem Schmelz und festem Körper. Die Säure steht deutlich im Hintergrund, gibt diesem gehaltvollen Wein aber das nötige Rückgrat, um gegen das Rinderfilet bestehen zu können.

Der Tipp: Cuvée

Es liegt wahrscheinlich in erster Linie am Klang des Wortes, dass sich in der Weinwelt der französische Begriff "Cuvée" durchgesetzt hat. Im Grunde beschreibt das deutsche Wort "Verschnitt" aber genau den gleichen Sachverhalt: die Komposition eines Weines aus verschiedenen Rebsorten oder Partien. Dabei kann es sich um das gemeinsame Keltern von verschiedenen Traubensorten in einem Fass oder das spätere Vermischen von Fasspartien unterschiedlicher Rebsorten oder Lagen handeln. Auch der auf diese Weise gewonnene Wein wird als Cuvée bezeichnet - und der hat nichts Außergewöhnliches oder Anrüchiges an sich. Im Gegenteil: Praktisch jeder Bordeaux ist ein Verschnitt verschiedener Rebsorten, und vor allem gute Champagner werden aus Weinen verschiedener Sorten, Lagen und Jahrgänge zusammengestellt.

Rehrücken im Salzteig mit gefülltem Pfifferlingcrêpes und Lavendeljus

Zutaten für vier Personen:

	für den Rehrücken
600 g	Rehrücken, ausgelöst
	Salzteig (siehe Grundrezept S. 191)
1	Zweig Rosmarin
1	Zweig Thymian
4	Lorbeerblätter
10	Wacholderbeeren
400 g	fetter Speck, dünn aufgeschnitten
	Salz, Pfeffer

	für den Pfifferlingcrêpes
150 g	Pfifferlinge, geputzt
	Crêpes-Teig (s. Grundrezept S. 180)
1	Schalotte
1 EL	Petersilie, gehackt
1 EL	Schnittlauch, geschnitten
0,1 l	Sahne

Lavendeljus (s. Grundrezept S. 186)

Zubereitung:

Den Rehrücken in einer heißen Pfanne von beiden Seiten anbraten. Auf den ausgelegten Speck mit Kräutern und Gewürzen legen und darin einschlagen. Den Salzteig ausrollen und in zwei Hälften schneiden. Auf die eine Seite den Rehrücken auflegen und mit der zweiten Seite bedecken. Den Rand mit der Gabel fest andrücken. Anschließend bei 180 Grad zwölf Minuten in den Ofen schieben. Den Rehrücken herausnehmen und acht Minuten ruhen lassen.

Für den Pfifferlingcrêpe den Schnittlauch in den Crêpes-Teig geben und in einer Pfanne mit Butterschmalz einen dünnen Crêpe von beiden Seiten backen. Den Crêpe aus der Pfanne nehmen, auskühlen lassen und rund ausstechen. Die Pfifferlinge in kleine Würfel schneiden, scharf anbraten. Schalottenwürfel dazugeben und mit anschwitzen. Mit der Sahne ablöschen und einkochen. Die gehackte Petersilie dazugeben, mit Salz und Pfeffer abschmecken.
Jetzt abwechselnd Crêpes-Teig und Pfifferlingmasse in einem großen Ausstecher schichten. Im Ofen nochmals etwa zehn Minuten bei 150 Grad erhitzen.

Anrichten:

Rehrücken in Medaillons schräg aufschneiden und auf den Teller setzen, Pfifferlingcrêpe anlegen, mit Lavendeljus napieren.

Rüdesheimer Berg Schlossberg Spätburgunder, Weingut Krone

Die Kombination

Der Rehrücken mit seinen typischen Wildaromen erwartet einen gradlinigen, eleganten Begleiter. Ausladende fruchtbetonte Rotweine würden der saftigen, waldigen Würze des Fleisches und des Pfifferling-Crêpes viel zu offensiv begegnen. Und auch die würzige, leicht süßliche Lavendeljus verlangt eher nach einem mineralischen Wein mit ausreichend Alkohol, denn mit Frucht ist dieser intensiven Sauce nicht beizukommen.

Der Wein

Der Rüdesheimer Berg Schlossberg ist die steilste Lage im Rheingau: Mit 70 Prozent Steigung zieht er sich vom Rheinufer in die Höhe. Geschützt und mit intensiver Sonneneinstrahlung gesegnet, bringt er auf seinen Schiefer- und Quarzitböden vor allem Rieslinge voller Kraft und Mineralität hervor. Das Assmannshäuser Weingut Krone keltert aus dieser Lage einen kräftigen Spätburgunder, der am Gaumen eine starke Mineralität entfaltet. Die Frucht und die Lakritzaromatik der Gerbstoffe bleiben im Hintergrund, es dominiert die Würze - in den ersten fünf Jahren ein idealer Partner für Wild.

Die Alternativen

Weine aus Israel sind in Deutschland noch nicht sehr verbreitet. Dabei hat das kleine Land am Jordan inzwischen ausgesprochen interessante Gewächse zu bieten. Wie gemacht für den würzigen Rehrücken ist etwa der sortenreine Cabernet Franc vom kleinen Familienweingut Margalit, ebenso jener von der Tulip Winery. Diese Weine kommen nicht so markant wie Tropfen aus dem Bordeaux daher - aber das ist in diesem Fall eher ein Vorteil.
Eben diesen haben auch die Tropfen aus der alten französischen Malbec-Rebe, die heute vor allem in Argentinien verbreitet ist. Die dunklen, fast schwarzen Weine aus dieser Traube haben eine fruchtige Würze mit typischen Pflaumen- und Tabaknoten, beste Beispiele liefern Produzenten wie Terrazas de los Andes und Bodegas Alta Vista.
Eine ungewöhnliche, aber nicht weniger interessante und vor allem passende Wahl zum Rehrücken ist der trockene Grauburgunder vom Rheingauer Weingut Hans Lang. Mit einer leichten Barriquenote ausgestattet, kann dieser kräftige, vollmundige und konzentrierte Tropfen die tiefe Würze des Fleisches und der Sauce spielend auffangen. Auch andere Weine dieses Stils kommen hier infrage, Hauptsache sie haben Kraft, Fülle und den typischen Vanilleton des Eicheausbaus.

Der Tipp: Trinkfolge

Weißwein zum Hauptgang? Auch wenn zuvor schon ein Rotwein serviert wurde? Geht das? Ja, das geht - auch wenn es gegen die klassischen Regeln, in welcher Reihenfolge Weine angeblich am besten zu trinken sind, verstößt. Wichtig ist nur, dass der Wein zum Hauptgang passt. Das alte Postulat "weiß vor rot" bedeutet nämlich in Wirklichkeit "leicht vor schwer" - mit der Farbe des Weines muss das nichts zu tun haben. Ein leichter Rotwein zu einem Zwischengang schmälert in keiner Weise die Wirkung eines gehaltvollen Weißweins einen Gang später. Auch die Regel, junge vor alten Weinen zu trinken, hat eigentlich mehr mit dem Gehalt und der Komplexität der Weine zu tun - und ist oft dem Ansinnen geschuldet, das Beste nicht gleich zu Beginn zu servieren. Entscheidend ist aber auch hier eigentlich nur, dass die Weine mit den jeweiligen Speisen korrespondieren. Was selbst die Regel "trocken vor süß" gegebenenfalls außer Kraft setzt: Eine Vorspeise mit Gänseleber etwa verlangt nach einem restsüßen Begleiter. Solange er in moderaten Mengen genossen wird, wird er die weitere Weinfolge nicht stören.

Hirschkalbsrücken

mit Rosinen-Schinusbeeren-Kruste und gebackenem Sellerie

Zutaten für vier Personen:

	für den Hirschrücken
4	Medaillons à 150 g Hirschkalbsrücken
100 g	kleine Pfifferlinge
	für die Kruste
100 g	Butter
30 g	Rosinen, in Schwarztee eingeweicht
1	Teil Schinusbeeren, gemahlen, gesiebt
1	Teil Pfeffer, rosa, gemahlen, gesiebt
30 g	Paniermehl
	Salz, Zucker

	für den Sellerie
1	Knolle Sellerie
100 g	Pfifferlinge
10 g	Gemüsewürfel (Lauch, Sellerie, Karotte), blanchiert
40 g	Geflügelfarce (siehe Grundrezept S. 183)
1 TL	Petersilie, gehackt

Zubereitung:

Für die Kruste die Rosinen ausdrücken und mit der Butter, dem Paniermehl und den Schinusbeeren verkneten. Mit Salz und wenig Zucker abschmecken. Zu einer Rolle formen und kalt stellen.

Den Sellerie schälen, in Scheiben schneiden, ausstechen und kurz blanchieren.
Die Pfifferlinge in Würfel schneiden und in einer heißen Pfanne kurz anbraten und abkühlen lassen. Die Geflügelfarce mit den Pfifferlingen, den Gemüsewürfeln und der gehackten Petersilie verrühren. Mit Salz und Pfeffer abschmecken. Nun diese Pilzfarce gleichmäßig zwischen die Selleriescheiben füllen, das Ganze panieren und im Fettbad drei Minuten lang ausbacken. Dann nochmals für zwei Minuten bei 170 Grad in den Ofen schieben.

Den Hirschkalbsrücken in einer heißen Pfanne von beiden Seiten anbraten und im Ofen auf einem Blech bei 180 Grad etwa sechs Minuten lang garen. Dann das Fleisch in Medaillons schneiden und die in Scheiben geschnittene Rosinen-Schinusbeeren-Kruste auflegen und unter dem Grill gratinieren.

Anrichten:

Hirschrückenmedaillons und gebackenen Sellerie auf einem Teller anrichten und servieren.

Assmannshäuser Höllenberg Spätburgunder Auslese, Hessische Staatsweingüter

Die Kombination

Der Rücken vom Hirschkalb mit seinem saftig-kernigen, dunklen Fleisch und der beerig-würzigen Kruste, die viel Säure und Süße ins Spiel bringt, braucht einen charaktervollen Gegenpart, der sich nicht so schnell aus der Fassung bringen lässt. Der Wein zu diesem Gericht muss dem kräftigen Fleisch ebenso standhalten können wie der tiefen Würzigkeit des Selleries und der waldigen Rustikalität der Pfifferlinge. Das erfordert Körper, viel Gehalt - sprich: Alkohol - und einen vom Terroir geprägten Charakter, bei dem Mineralität im Vorder- und die Frucht im Hintergrund steht. Reine "Fruchtbomben" scheiden völlig aus.

Der Wein

In der Domäne Assmannshausen der Hessischen Staatsweingüter wird ausschließlich Spätburgunder produziert. Seinen Ruf verdankt dieser Betrieb nicht zuletzt den Steillagen, die er im weltberühmten Höllenberg besitzt. Aus den Trauben, die dort wachsen, werden Weine gekeltert, die bei aller Feinheit ausgesprochen fest strukturiert und sehr entwicklungsfähig sind. Die Auslese aus dem Höllenberg ist ein Jahr für Jahr aufs Neue beeindruckender Klassiker im Programm der Domäne: Schlank und filigran zeigt sie in der Nase die typischen Johannisbeer-, Cassis- und Brombeernoten, aber auch Pfeffer und Kräuter. Der Wein kombiniert Frucht und Würze und lässt sich in jungen wie in späteren Jahren nicht so schnell von Säure oder Süße auf dem Teller beeindrucken.

Die Alternativen

Wenn ein Rotwein voller Würzigkeit und reichlich Tanninen gefragt ist, dann ist Pinotage aus Südafrika immer eine gute Wahl. Diese Traubensorte ist ein südafrikanisches Novum. Sie wurde 1925 als Kreuzung aus den Sorten Pinot Noir und Cinsault in Stellenbosch gezüchtet und bringt sehr eigenwillige, aromatische Weine hervor, die viel Frucht mit kräftigen Gerbstoffen kombinieren und immer eine an Holzkohle erinnernde Note haben. Der Winzer Neil Ellis setzt mit seinem Pinotage Jahr für Jahr den Standard.

Ebenso gut passt zum Hirschkalbsrücken ein Bordeaux, am besten aus der kleinen Appellation Margaux im Haut-Médoc. Die Weine aus dieser Gegend - und nicht nur die vom legendären Château Margaux - bestechen durch außerordentlich aromatischer Finesse, Harmonie und Langlebigkeit. Immer zu empfehlen sind die Tropfen vom Chateau Rauzan-Ségla.

Schließlich noch eine weiße Alternative: Mit ihrer enormen fruchtigen Dominanz und saftigen Schmelzigkeit können die Rieslinge vom Rüdesheimer Berg Rottland auch einem Hirschkalb die Stirn bieten. Die Lage unterhalb des Niederwalddenkmals ist bekannt für ihre großen, kraftvollen Weine. Das "Erste Gewächs" vom Weingut Johannishof ist von beeindruckender Kraft und Fülle, geradezu fleischig und mit einem herrlich langen Abgang ausgestattet.

Der Tipp: Wein im Restaurant

Es muss nicht immer der teuerste Wein sein. Schon gar nicht im Restaurant, schließlich kosten Weine dort mindestens das Doppelte von dem, was in einem Fachgeschäft verlangt wird. Aber ein guter Sommelier versucht ohnehin nicht, "auf Teufel komm raus" den teuersten Tropfen an den Gast zu bringen - sondern den besten zum jeweiligen Gericht. Wer sich nicht auf solchen Rat verlassen mag oder vergeblich auf eine kompetente Beratung wartet, tut gut daran, sich an Weine zu halten, die er entweder kennt oder die von namhaften Winzern stammen - in der Regel liefern die nämlich immer tadellose Qualität, auch bei einfachen Tropfen.

Taubenkotelett mit Pfifferlingen gefüllt, Karotten-Limonen-Püree und Wasabi-Mocca-Jus

Zutaten für vier Personen:

für die Taube

2	Etouffe-Tauben
3	Schalotten
1	Karotte
10 g	Tomatenmark
1	Zweig Rosmarin
2	Lorbeerblätter
8	Pimentkörner
5	Wacholderbeeren
5	Pfefferkörner
1/8 l	Rotwein
1/8 l	Noilly Prat
1 l	Geflügelfond (siehe Grundrezept S. 183)
2 g	Espressobohnen
4 g	Wasabi
1/8 l	Portwein
20 g	Butter
200 g	Spinat
150 g	Geflügelfarce (siehe Grundrezept S. 183)
100 g	Pfifferlinge

für das Karotten-Limonen-Püree

4	Karotten
1	Schalotte
20 g	Butter
2	Limonen
20 g	Zucker
	Salz

Zubereitung:

Für die Kotelette Taubenbrüste und Keulen von der Karkasse lösen. Die Haut vorsichtig entfernen und die Brüste und Keulen mit Salz, Pfeffer würzen. Die Pfifferlinge säubern, etwas klein schneiden und mit den in feine Würfel geschnittenen Schalotten anschwitzen. Abkühlen lassen und dann einen Esslöffel Geflügelfarce unter die kalte Pilzmasse mengen. Diese Masse dann auf die Taubenbrüste verteilen und die Keulen auflegen.
Den Spinat putzen, waschen, in Salzwasser kurz blanchieren und in Eiswasser abkühlen. Dann den Spinat aus dem Wasser nehmen und die einzelnen Blätter leicht überlappend auf einem Küchenpapier nebeneinander auflegen. Danach vorsichtig trocken tupfen und die restliche Geflügelfarce darauf verteilen. Zum Schluss das Kotelett darin einschlagen und in Frischhaltefolie einrollen.
Die Enden mit einem Knoten verschließen und das Päckchen im Wasserbad bei 58 Grad etwa 15 Minuten pochieren. →

→

Grad stark anrösten. Das Wurzelgemüse in Würfel schneiden und in einem Topf bei mittlerer Hitze anrösten. Danach mit Tomatenmark tomatisieren, die Gewürze und Kräuter hinzu geben und mit Rotwein sowie Nolly Prat
ablöschen. Die Flüssigkeit einkochen lassen, mit dem Geflügelfond auffüllen und eine Stunde köcheln lassen.Den Fond danach durch ein Passiertuch geben und das Fett abnehmen. Nun den passierten Taubenfond in einem Topf mit den Espressobohnen auf ein Drittel reduzieren. Zum Schluss die Butter sowie den Wasabi in die Sauce montieren und durch ein feines Küchensieb passieren.
Für das Püree die Karotten schälen, in kleine Stücke schneiden und kurz in etwas Butterschmalz anschwitzen. Mit Mineralwasser ablöschen und gar kochen. Limonen von der Schale befreien und das Fruchtfleisch heraus filetieren. Zucker karamellisieren, mit dem Limonensaft ablöschen und die Filets dazu geben. Schließlich das Ganze zu einem festen Kompott reduzieren.
Die gegarten Karotten auf einem Sieb abschütten, die Stücke mit dem Limonenkompott in einen Mixer geben und fein pürieren. Zum Schluss das Püree durch ein feines Sieb streichen und mit Salz sowie etwas Zucker abschmecken.

Anrichten:

Die gegarten Taubenkoteletts aus der Folie nehmen, aufschneiden und auf heiße Teller auflegen. Vom Karotten-Limonen-Püree Nocken abstechen und um die Koteletts verteilen. Schließlich mit der Moccajus napieren.

Hochheimer Reichestal Spätburgunder "Erstes Gewächs", Weingut Franz Künstler

Die Kombination

Die Taube ist eines von Patrik Kimpels Lieblingsprodukten. Er achtet darauf, dass er nur nach traditioneller Methode gewürgte Tiere aus Frankreich bekommt, die nach der Schlachtung nicht ausbluten. Deren Fleisch ist besonders kräftig im Geschmack. Gefüllt und pochiert kommt das würzige Wildaroma deutlich zur Geltung, das Karotten-Limonen-Püree steuert Süße, Säure und Frische bei, die Wasabi-Mocca-Jus rundet das Gericht mit Röstaromen und einer ganz leichten Schärfe ab. Der Wein zu dieser Komposition braucht einen mächtigen Körper und markante Gerbstoffe, um den kräftigen Geschmack der Taube und der Sauce auffangen zu können.

Der Wein

Das Hochheimer Reichestal ist etwas Besonderes. Abgesehen davon, dass dieser Weinberg am westlichen Rand des östlichen Rheingaus nur knapp zwei Kilometer von jener Stelle liegt, wo der Main in den Rhein mündet, ist er vor allem bekannt für seinen Spätburgunder. Gunter Künstler, der das Weingut von seinem Vater Franz 1988 übernahm und zu großem Ansehen geführt hat, vinifiziert aus den Trauben dieser ungewöhnlich warmen und geschützten Lage Rotweine von bemerkenswerter Fülle und Konzentration. Sein "Erstes Gewächs" strotzt vor Kraft und typischer Spätburgunder-Frucht. Breite Aromen von vollreifen Beeren verbinden sich mit kräftigen, aber schmeichelnden Tanninen. Durch den Ausbau im Barrique bekommt der Wein dazu eine rauchige Note. Zur Taube sollte er nicht jünger als drei und nicht älter als sechs Jahre sein.

Die Alternativen

Zur französischen Taube passt selbstverständlich französischer Wein. Ein markanter, junger Bordeaux mit starken Tanninen und kräftiger Struktur wäre ein guter Begleiter. Aber auch ein Wein aus der weiter südlich an der Adour gelegenen Region Madiran käme infrage, etwa der kraftvolle Château Montus. Ebenso gut würde sich aber auch ein Shiraz aus Neuseeland oder Australien zu diesem Gericht machen. Karl Heinz Johner, bekannt für seine großen Burgunder vom Kaiserstuhl, hat sich vor einigen Jahren ein weiteres Standbein in Neuseeland geschaffen und produziert dort ebenfalls ausgesprochen hochwertige Weine, darunter auch einen hundertprozentigen Shiraz. Eine weitere Empfehlung zur Taube ist der südafrikanische Mont du Toit, der durch das Zusammenwirken von Bernd Phillipi vom Weingut Koehler-Ruprecht in der Pfalz, dem inzwischen verstorbenen Bernhard Breuer aus dem Rheingau und dem Johannesburger Anwalt Stephan du Toit entstanden ist - eine große Cuvée im traditionellen Bordeaux-Stil.

Der Tipp: Gesundheit

Wein schmeckt nicht nur, er ist auch gesund. Dass ein Gläschen Wein sehr positive Wirkung haben kann - beruhigend oder belebend, je nachdem -, das ist allgemein bekannt. Dass ein bis zwei Gläser Rotwein am Tag aber auch das Risiko von Herzerkrankungen mindern können und überhaupt der Gesundheit förderlich sind, das belegen wissenschaftliche Studien, die in den vergangenen Jahren von verschiedenen Instituten durchgeführt wurden. So erfreulich solche Forschungsergebnisse aber auch sind: Die Tatsache, dass übermäßiger Konsum zu erheblichen gesundheitlichen Schäden, Alkoholismus und Unfällen führen kann, schaffen sie nicht aus der Welt. Die Vernunft ist deshalb - wie überhaupt im Leben - auch beim Weintrinken ein guter Ratgeber.

Pauillac-Lammrücken im Kräutermantel mit Artischocken und Kartoffel-Oliven-Schnitte

Zutaten für vier Personen:

	für das Lamm
800 g	Lammlende
1 kg	Lammknochen
1	Karotte
3	Zwiebeln
15 g	Tomatenmark
10 g	Fenchelsamen
5 g	Pfefferkörner
15 g	Thymian
15 g	Rosmarin
2	Knoblauchzehen
½ l	Rotwein
2 l	Lammfond (s. Grundrezept S. 185)
30 g	Butter
30 g	Estragonsenf
1	Bund Schnittlauch, fein geschnitten
1	Bund Petersilie, fein gehackt
1	Bund Kerbel, fein gehackt
	Öl

	für die Artischocken
6	Artischocken
10 g	Pinienkerne
2	Lorbeerblätter
4	Thymianzweige
2	Zitronen
	Olivenöl
	Salz, Pfeffer

	für die Kartoffel-Oliven-Schnitte
1 kg	Kartoffeln, geschält
200 g	Sahne
100 g	Oliven, schwarz
	Salz, Pfeffer

Zubereitung:

Für die Sauce die in Walnuss-Größe gehackten Lammknochen im Ofen bei 180 Grad stark anrösten. Das Wurzelgemüse in Würfel schneiden und in einem Topf bei mittlerer Hitze anrösten (wie beim Grundrezept für die Reh-Lavendeljus). Danach mit Tomatenmark tomatisieren, die Gewürze und die Kräuter hinzugeben und mit dem Lammfond auffüllen. Alles drei Stunden lang bei schwacher Hitze köcheln lassen. Danach den Fond durch ein Passiertuch geben und das Fett abnehmen. Nun den passierten Lammfond in einem Topf auf ein Drittel reduzieren und zum Schluss mit kalten Butterwürfeln montieren.
Die parierte Lammlende mit Salz, Pfeffer würzen, in Butterschmalz anbraten und für etwa zehn Minuten im vorgeheizten Ofen bei 160 Grad garen. Danach die Lende aus dem Ofen nehmen, mit Senf bestreichen und in den fein geschnittenen Kräutern wälzen.
Die Artischocken von den äußeren Blättern befreien und aus dem Boden die feinen Barthaare entfernen. Die Böden mit etwas Zitronensaft einreiben, damit sie keine bräunliche Farbe annehmen. Nun die Artischocken in gleich große Ecken schneiden und in einem Topf mit etwas Olivenöl anschwitzen. Die Kräuter beigeben, mit dem Gemüsefond ablöschen und gar kochen. Zum Schluss mit Salz und Pfeffer abschmecken und die gerösteten Pinienkerne untermengen.
Für die Kartoffel-Oliven-Schnitte die geschälten Kartoffeln in feine Scheiben schneiden und mit den gehackten Oliven abwechselnd in eine gebutterte, feuerfeste Form übereinanderschichten. Dann die Sahne mit Salz und Pfeffer abschmecken und über die Kartoffeln geben. Die Form im vorgeheizten Ofen bei 160 Grad etwa 50 Minuten garen.

Anrichten:

Das in Kräutern gewälzte Lamm aufschneiden, mittig auf einen heißen Teller legen, die in Rechtecke geschnittene Kartoffel-Oliven-Schnitte auflegen und mit den Artischocken sowie der Lammjus napieren.

Spätburgunder "Cuveé Max", Weingut August Kesseler

Die Kombination

Das Pauillac-Lamm mit Artischocken und Kartoffel-Oliven-Schnitte ist ein besonders würziges Gericht: Das Fleisch ist zart und verbreitet die typischen Kräuternoten, das Gemüse steuert leichte Säure und Bitternis, vor allem aber Würze bei, und die Schnitte bringt Schmelz und rustikale Würze. Der begleitende Wein muss all das auffangen und die Gewürzaromen in die Schranken weisen - ohne sie zu überspielen. Gute Reife und eine feste Struktur sind der Schlüssel dazu.

Der Wein

Der Assmannshäuser Winzer August Kesseler ist bekennender Qualitätsfanatiker. Und so ist es nicht weiter erstaunlich, dass seine Weine - vor allem die roten - Weltruf erlangt haben. Mit reifer Frucht, tiefen Aromen und eleganter Struktur spiegeln seine Spätburgunder aus dem Assmannshäuser Höllenberg perfekt den Charakter der berühmten, seit mehr als 500 Jahren vorwiegend mit Spätburgunder bestockten Steillage wider. Kesselers "Cuvée Max" - benannt nach dem langjährigen Kellermeister Max Himstedt - ist eine Komposition aus verschiedenen Parzellen des Höllenbergs und damit gewissermaßen eine Art "Zweitwein", steht Kesselers Lagenweinen aber in nichts nach. Dieser stoffige, konzentrierte Tropfen ist die mit holzigen Rauchnoten, kraftvoller, reifer Frucht und großer Nachhaltigkeit ausgestattete Quintessenz des Berges - und harmoniert mit Patrik Kimpels Pauillac-Lamm mit jedem Jahr der Reife besser.

Die Alternativen

Wie geschaffen für das Lamm aus dem Pauillac ist der Wein aus dem Pauillac. Die Liste der Spitzenerzeuger aus diesem Teil des Bordelais ist lang und wird angeführt von Château Lafite-Rothschild, Château Mouton-Rothschild und Château Latour. Aber auch weniger prestigeträchtige Güter wie etwa Château Haut-Batailley produzieren große - und noch dazu bezahlbare - Weine.
Doch das Bordelais ist nicht allein auf weiter Flur, auch andere französische Anbaugebiete haben Tropfen zu bieten, die sich mit diesem Klassiker der Haute Cuisine gut kombinieren lassen. Aus der vergleichsweise kleinen Appellation Bandol in der Provence kommen kräftige, körperreiche, zur langen Lagerung bestimmte Rotweine, vorwiegend aus der Rebsorte Mourvèdre. Typisch sind die Tropfen vom Chateau de Pibarnon, sie erinnern von ihrem Charakter her ein wenig an die mächtigen Weine vom weltberühmten Château Pétrus in Pomerol: wahre Diven, die lange auf sich warten lassen und ihre Geheimnisse nur sehr zögerlich preisgeben.
Mit Kraft und Fülle trumpfen Weine aus der Shiraz-Traube auf - auch sie sind zu diesem Gericht eine gute Wahl. Gewächse vom fünften Kontinent präsentieren sich meist in dunklem Rubinrot und verströmen warme, saftige Aromen von schwarzen Früchten und Schokolade. Es gibt eine ganze Reihe hervorragender, australischer Produzenten, der größte und bekannteste mit verlässlicher Qualität ist Penfolds.

Der Tipp: Dekantieren

Das Dekantieren - also das Umfüllen von Weinen aus der Flasche in eine Karaffe - ist ein umstrittenes Thema. Während manche diese traditionelle Praxis außer zur Trennung des Bodensatzes vom Wein ablehnen, schwört die überwiegende Zahl der Kenner auf den positiven Effekt, den der Kontakt mit Sauerstoff auf die meisten - auch weißen - Tropfen kurz vor dem Trinken hat. Schaden kann das Dekantieren jedenfalls nicht. Nur in einem Fall ist Vorsicht geboten: Sehr alte Weine mit ihrer mitunter fragilen Struktur können durch das Umfüllen völlig die Fassung verlieren, ihnen sollte man den Sauerstoffschock unbedingt ersparen.

Glacierte Kalbshaxe mit Spätburgunder-Perlzwiebeln

Zutaten für vier Personen:

1	Kalbshaxe
2	Karotten
24	Perlzwiebeln
½	Stange Lauch
1	Knoblauchknolle, halbiert
5	Zweige Rosmarin
3	Zweige Lorbeer
5	Pfefferkörner, schwarz
5	Pimentkörner
1 l	Spätburgunder
1 l	Kalbsfond (siehe Grundrezept S. 192)
40 g	Tomatenmark

Zubereitung:

Den Rotwein zunächst um die Hälfte reduzieren. Dann die Kalbshaxe von allen Seiten scharf anbraten, aus dem Bräter nehmen und beiseitestellen. Die Karottenwürfel anbraten, bis sie leicht Farbe haben. Dann die Perlzwiebeln dazugeben und mit dem Tomatenmark tomatisieren. Mit dem reduzierten Rotwein ablöschen und mit dem Kalbsfond auffüllen.
Die Kalbshaxe mit dem Lauch, dem Knoblauch, den Kräutern und den Gewürzen dazu geben.
Bei 180 Grad etwa zweieinhalb Stunden im Ofen garen, dabei die Kalbshaxe immer wieder mit dem Fond übergießen. Die Kalbshaxe ist fertig, wenn sich das Fleisch leicht vom Knochen löst.

Rüdesheimer Berg Roseneck Riesling "Erstes Gewächs", Weingut Fritz Allendorf

Die Kombination

Die Haxe vom Kalb zerfällt fast schon auf der Gabel, so butterweich und schmelzig hat das lange Schmoren das saftige Fleisch gemacht. Dazu liefern die Spätburgunder-Zwiebeln viel Süße und Säure. Zu dieser rustikalen Feinschmeckerei sollte ein charmanter, ausgewogener Wein ohne viele Ecken und Kanten auf den Tisch kommen. Um vom Haxenfleisch nicht ins Abseits gedrängt zu werden, sollte auch er viel Schmelz und Fülle besitzen.

Der Wein

Die Familie Allendorf führt ihr großes Weingut in Oestrich-Winkel mit Hingabe und Energie. Seit einigen Jahren können die Kunden sogar in einer "Wein-Erlebnis-Welt" auf dem Gut viel Wissenswertes zum Thema erfahren. Die Weine stammen aus vielen Lagen, die über den gesamten Rheingau verteilt sind. Das "Erste Gewächs" der Allendorfs aus dem Rüdesheimer Berg Roseneck gibt sich sehr zugänglich, rund und schmelzig. Es hat eine präsente, aber nicht aufdringliche Säure und eine schöne mineralische Frucht. Die hohen Fruchtextrakte verleihen dem Wein eine gute Lagerfähigkeit. Zur Kalbshaxe sollte er zwischen drei und sechs Jahren alt sein.

Die Alternativen

Ein ebenso fülliger, fruchtiger und runder Begleiter für die Kalbshaxe wie Allendorfs "Erstes Gewächs" ist der Spätburgunder "Schulen" vom Weingut Ziereisen. Auch manch andere Rotweine aus dem Badischen haben diese Qualitäten, aber an die üppigen, schmelzigen Spätburgunder vom gelernten Schreiner Hanspeter Ziereisen kommt kaum einer heran.
Ein weiterer ausgesprochen kraftvoller und mächtiger Begleiter für die Haxe kommt aus dem äußersten Westen Europas: aus dem portugiesischen Douro-Tal, der Heimat des Portweins. Dunkle, tiefe Rotweine voller Frucht und Schmelz werden dort gekeltert, vor allem das Portwein-Traditionshaus Niepoort hat seit Anfang der neunziger Jahre mit seinen Rotweinen für Aufmerksamkeit gesorgt: Besonders beeindruckend ist der monumentale "Redoma"; aber auch der günstigere "Fabelhaft" mit seinem auffälligen Wilhelm-Busch-Etikett ist eine Empfehlung wert.
Schließlich kommen als Partner für die Kalbshaxe auch Weine aus dem spanischen Rioja in Betracht. Um sich weich und rund zu zeigen, brauchen diese Tropfen allerdings eine lange Reife - der Reserva und der Gran Reserva vom Weingut Baron de Ley sind nach acht bis zehn Jahren so weit.

Der Tipp: Weinfehler

"Der Wein hat Korken" - ein Horror für jeden Genießer und mit Abstand der häufigste Weinfehler. Oft ist er mit der Nase leicht auszumachen, mitunter weist schon der Geruch des Korkens selbst auf den verdorbenen Inhalt der Flasche hin. Ebenso häufig aber versteckt sich dieser Fehler und ist nur als dumpfer, matter Unterton wahrnehmbar. Wer einen Verdacht hegt und sich nicht ganz sicher ist, sollte den Wein im Glas ein wenig stehen lassen - meist verstärkt sich der Korkgeruch, wenn der Wein in Kontakt mit Luft kommt. Zu retten sind korkige Weine nicht, selbst als Basis von Saucen verströmen sie ihren muffigen Geruch und Geschmack. Das gleiche gilt natürlich auch für Weine mit Essigstich. Leicht erkennbar am stechenden Geruch kann auch dieser Fehler nur eine Folge haben: weggießen! Ein wenig anders stellt sich die Sache bei Schwefel dar. Diese Substanz wird bei der Weinbereitung zur Desinfektion genutzt und ist praktisch allen Weinen beigefügt. Hat ein Wein zuviel Schwefel abbekommen und riecht wie ein abgebranntes Streichholz, lässt sich dieser Fehlgeruch mitunter durch Dekantieren oder durch Schwenken im Glas beheben.

Chutneys, Käse und Wein

Apfel-Wasabi-Chutney mit Balsamico-Senf

Zutaten:

4	Äpfel
1/8 l	Apfelsaft
60 g	Zucker
3 g	Wasabi
10 g	Balsamico-Senf, mild
15 g	Cremepulver

Zubereitung:

Äpfel waschen, schälen und am Kerngehäuse entlang in 0,5 Zentimeter dicke Scheiben schneiden. Danach in Streifen schneiden und schließlich würfeln. Zucker karamellisieren, mit Apfelsaft ablöschen und aufkochen. Nun die Apfelwürfel dazugeben, nochmals kurz aufkochen und dann den Wasabi und den Senf untermengen. Zum Schluss das Cremepulver mit etwas kaltem Wasser anrühren und die Apfelmasse damit abbinden.

Mango-Orangen-Chutney mit Ingwer

Zutaten:

1	kleine Thai-Mango
4	Orangen
50 g	Zucker
100 g	Mangomark
½	Vanilleschote
8 g	Ingwer, fein gerieben
2	Sternanis
10 g	Cremepulver

Zubereitung:

Die Mango schälen, am Kern entlang in 0,5 Zentimeter dicke Scheiben schneiden, anschließend in Streifen schneiden und würfeln. Orangen von der Haut befreien und die einzelnen Filets mit dem Messer aus den Zwischenhäuten lösen. Zum Schluss die restliche Orange über ein Sieb in eine Schüssel auspressen. Zucker in einem Topf karamellisieren, die aufgeschnittene Vanilleschote sowie Ingwer und Sternanis beigeben. Nun mit dem Orangensaft und dem Mangomark ablöschen und alles auskochen lassen.

Den Fond schließlich mit Cremepulver abbinden, durch ein Sieb passieren und die Früchte darin ziehen lassen.

Aprikosen-Tomaten-Chutney mit Chili

Zutaten:

250 g	Aprikosen, frisch oder getrocknet
4	Tomaten
50 g	Zucker
½	Vanilleschote
3 g	Chili-Fäden
1/8 l	Wasser
1	Beutel schwarzer Tee
1/8 l	Aprikosenmark
6 cl	Aprikosen-Essig

Zubereitung:

Aprikosen vierteln, Wasser aufkochen und mit dem schwarzen Tee über die Aprikosen geben.
Tomaten vom Strunk befreien, am oberen Ende einritzen und in kochendem Salzwasser kurz blanchieren. Danach in Eiswasser abkühlen und von der Haus lösen. Dann die Tomaten vierteln, vom Kerngehäuse lösen und in Würfel schneiden. Zucker in einem Topf karamellisieren, die aufgeschnittene Vanilleschote und die Chili-Fäden dazugeben und mit dem Aprikosenmark ablöschen. Den Fond nun auskochen, dann die Aprikosen und die Tomaten beigeben und kurz aufkochen lassen. Zum Schluss den Aprikosen-Essig unterrühren.

Feigen-Cassis-Chutney mit Zitronen-Thymian

Zutaten:

10	Feigen
70 g	Zucker
1/8 l	Cassismark
8	Pfefferkörner, schwarz
1	kleiner Bund Zitronen-Thymian
100 ml	Portwein, rot
10 g	Cremepulver

Zubereitung:

Die Feigen schälen und vierteln. Zucker in einem Topf karamellisieren, mit dem Portwein und dem Cassismark ablöschen. Den Zitronenthymian, die Pfefferkörner dazugeben und alles auskochen. Nun den Fond mit dem Cremepulver leicht abbinden und durch ein feines Sieb in einen Topf passieren. Die Feigen untermengen und nochmals kurz aufkochen.

Quitten-Sternanis-Chutney

Zutaten:

6	Quitten
70 g	Zucker
½	Vanilleschote
4	Sternanis
10 g	Cremepulver
¼ l	Apfelsaft

Zubereitung:

Eine Quitte waschen, halbieren und klein schneiden. Die Quittenstücke mit dem Apfelsaft und dem Zucker auskochen und die Flüssigkeit durch ein Sieb passieren. Nun die aufgeschnittene Vanilleschote mit dem Sternanis dazugeben und nochmals aufkochen. Schließlich mit Cremepulver abbinden und ziehen lassen. Danach die restlichen Quitten waschen, schälen und in Scheiben schneiden. Die Scheiben in Streifen und dann in Würfel schneiden. Schließlich die Quittenwürfel in den Fond geben und gar kochen.

Ananas-Chutney

Zutaten:

400 ml	Ananaspüree
1/8 l	Orangensaft
160 g	Zucker
2	Nelken
½ TL	Korianderkörner
1	Vanilleschote
20 g	Zitronenthymian, frisch
20 g	Cremepulver
½	Ananas, frisch in Würfeln
½ EL	Chili-Fäden

Zubereitung:

Zucker in einem Topf karamellisieren, die Gewürze und den Zitronenthymian dazugeben und mit dem Orangensaft ablöschen. Das Ananaspüree ebenfalls beimengen und mitkochen. Nun die Fruchtssauce mit dem Cremepulver abbinden, durch ein Sieb passieren und über die Ananaswürfel geben. Am Schluss die Chili-Fäden untermengen.

Schwarze Nüsse

Zutaten:

25	grüne Nüsse (Mitte Juli ernten, die Nussschale darf sich noch nicht gebildet haben)
½ l	Wasser
500 g	Zucker
1	Stange Zimt
5	Nelken

Zubereitung:

Die Nüsse mit einer Gabel sechsmal rundum einstechen, in einen Eimer mit Wasser geben und diesen drei Wochen lang täglich neu wässern. Dann Nüsse trocknen lassen und den Zucker mit dem Wasser, den Nelken und dem Zimt aufkochen. Diesen Sud, im heißen Zustand, über die trockenen Nüsse gießen. Die Nüsse im Sud für eine Nacht ziehen lassen. Danach die Nüsse herausnehmen und den Sud zu Sirup einkochen. Die Nüsse wieder dazugeben und weichkochen. Jetzt werden die noch heißen Nüsse in Gläser abgefüllt und im Wasserbad eingeweckt. Für ein halbes Jahr stehen lassen.

Wein und Käse

Wein und Käse - kaum eine Kombination von Speise und Getränk hat eine solche Tradition und gilt als so natürlich wie diese. Insbesondere im Käseland Frankreich gehören ein Stück Camembert oder Brie und ein Glas Rotwein unbedingt zusammen. Nicht zuletzt wohl auch deshalb gelten hierzulande rote Tropfen gemeinhin als die idealen Begleiter für Käse aller Art - tatsächlich allerdings passen Weißweine eher zu Käse. Rotweine sind gegen viele kräftige Käsesorten praktisch chancenlos, trockene oder süße Rieslinge und Weine aus anderen weißen Trauben sind da deutlich standfester. Überhaupt wird häufig unterschätzt, wie gut restsüße Weißweine mit vielen Käsesorten harmonieren. Angesichts der Vielfalt auf beiden Seiten und der unendlichen Zahl der Kombinationsmöglichkeiten ist es schwer, feste Regeln für den Genuss von Wein und Käse zu finden. Der wichtigste Grundsatz lautet schlicht: Ausprobieren! Darüber hinaus gibt es allerdings zwei Prinzipien, die eine passende Auswahl zumindest erleichtern:

1.

Gleich und Gleich gesellt sich gern: Diese Weisheit aus dem Volksmund gilt bei Wein und Käse vor allem für die Herkunft. Stammen beide aus der gleichen Region, ergeben sie oft eine unschlagbare Paarung: toskanischer Pecorino mit Chianti Classico zum Beispiel, spanischer Manchego mit Rioja, Comté aus den französischen Alpen mit dem berühmten Vin Jaune des Jura oder der aus Südwestfrankreich stammende Roquefort mit edlem Sauternes aus dem Bordeaux. So unterschiedlich die Geschmacksbilder dieser Kombinationen auch sind, regionale Verwandtschaften haben sich oft über Jahrhunderte entwickelt und bewährt.

Die Gleichheit kann sich statt auf die Herkunft aber auch auf den Charakter beziehen: Ein kräftiger, trockener Käse braucht einen ebensolchen Wein als Begleiter (Parmesan und Rosso di Montepulciano), und ein säuerlicher, frischer Ziegenkäse verlangt auch nach einem Wein mit kräftiger Säure (Crottin de Chavignol und Sancerre). Und schließlich wünscht sich ein cremiger Käse einen ebenso schmelzig-cremigen Partner (Brie und Chardonnay).

2.

Gegensätze ziehen sich an: Dieses zweite Sprichwort bedeutet bei der Auswahl von Wein und Käse vor allem eins: Salzig und süß passen gut zueinander. Roquefort und Sauternes sind das beste Beispiel, aber auch alle anderen Käsesorten mit Blauschimmel lassen sich gern von süßen Weinen begleiten: englischer Stilton von Vintage Port, norditalienischer Gorgonzola von Ricioto della Valpolicella aus Venetien oder dänischer Castello Blue von einer Riesling-Beerenauslese aus Deutschland oder Österreich. Und auch ohne Blauschimmel gilt: Kräftige, würzige Käse passen oft ausgesprochen gut zu fruchtigen, süßen Weinen. Alter holländischer Gouda zum Beispiel liebt Riesling-Auslesen, und Rotschmiere-Käse wie Munster, Limburger und Romadur ergänzen sich ideal mit blumigem Gewürztraminer.

Natürlich ist keine der genannten Kombinationen unumstößlich - einen Versuch sind sie aber allemal wert. Und wer dann zum Gouda immer noch am liebsten einen Bordeaux trinkt oder zum Ziegenfrischkäse ein Bier (siehe Seite 129), der sollte das unbedingt und ohne schlechtes Gewissen tun.

Ziegenkäse mit Strudelblättern, Tomatenkompott und Oliveneis

Zutaten für vier Personen:

für den Käse

2	Rollen Ziegenfrischkäse
6	Strudelblätter
10 g	Fenchelsamen
5 g	rosa Pfeffer
1	Eiweiß

für das Tomatenkompott

0,2 l	Tomatensaft
1 kg	Tomaten
20 g	Tomatenmark
1	Zwiebel
1	Knoblauchzehe
5 g	Thymian, gehackt
2	Lorbeerblätter
20 g	schwarze Oliven
	Olivenöl
	Salz, Cayennepfeffer, Zucker

für das Oliveneis

½ l	Sahne
25 g	grüne Oliven
80 g	Zucker
6	Eigelb
6 cl	Olivenöl
6 cl	alter Balsamico

Zubereitung:

Die Strudelblätter diagonal mit einem Messer halbieren, auf ein mit Backpapier belegtes Backblech setzen und mit Eiweiß bestreichen. Die Fenchelsamen und den rosa Pfeffer leicht zerstoßen, auf den Blättern verteilen und das Ganze bei 180 Grad im vorgeheizten Ofen rund sechs Minuten backen.
Für das Tomatenkompott die Tomaten vom Strunk befreien, in kochendem Salzwasser kurz blanchieren und in Eiswasser abkühlen. Die Tomaten häuten, vierteln und das Kerngehäuse herausschneiden. Zwiebel und Knoblauch in kleine Würfel schneiden, in Olivenöl anschwitzen und mit Tomatenmark tomatisieren. Nun die Tomatenviertel zugeben, mit dem Tomatensaft ablöschen und die Kräuter untermengen. Diesen Tomatenansatz nun langsam zu einem Kompott einkochen. Zum Schluss die geviertelten Oliven beigeben und mit den Gewürzen abschmecken.
Für das Oliveneis die Sahne, die Oliven und den Zucker in einem Topf zum Kochen bringen. Die Eigelbe mit etwas heißer Flüssigkeit verrühren und dann in die Sahnemischung einrühren. Nun die Sahne-Eimasse in einer Schüssel über dem heißen Wasserbad bis zur Rose abziehen und das Olivenöl einrühren.Wenn die Masse kalt ist, das Ganze durch ein Küchensieb passieren und anschließend in der Eismaschine gefrieren.

Anrichten:

Den zimmertemperierten Ziegenkäse in etwa zwei Zentimeter dicke Scheiben schneiden und abwechselnd mit den gebackenen Strudelblättern mittig auf den Teller übereinanderschichten. Dann das Kompott anlegen und je eine Nocke Oliveneis auf die Ziegenkäse-Türmchen legen. Zum Schluss den Teller mit dem Balsamico dekorieren.

Hallgartener Jungfer Riesling "Erstes Gewächs", Weingut Prinz

Die Kombination

Voller Säure und Süße steckt diese Variation von Ziegenkäse und Tomaten-Oliven-Kompott. Bei aller Herzhaftigkeit der verschiedenen Elemente stechen diese beiden Geschmackskomponenten immer wieder hervor: bei den eingekochten Tomaten und dem Käse ebenso wie bei dem alten Balsamico. So braucht auch der Begleiter dieses Gerichts viel Säure, sonst würde er vom würzig-salzigen Käse, der auch eine gewisse buttrige Säurigkeit auf der Zunge hinterlässt, förmlich verschluckt.

Der Wein

Vom Nebenerwerbswinzer hat sich Fred Prinz zu einem der am besten bewerteten Weinmacher im Rheingau entwickelt. Stetig hat er in den vergangenen Jahren seinen Betrieb in Hallgarten erweitert und die Qualität seiner Weine gesteigert. Aus der Lage Jungfer, die direkt an den kleinen Ort angrenzt, holt er Jahr für Jahr ein "Erstes Gewächs", das überdeutlich vom Terroir geprägt ist: Der hohe Quarzitanteil im Boden gibt dem Riesling eine enorme Mineralität und Frische. Die Fruchtnoten sind klar, aber nicht offensiv und verhelfen dem jungen Wein zusammen mit der starken, aber gut eingebundenen Säure zu einer großen Eleganz.

Die Alternativen

Einen guten Gegenpart zum Ziegenkäse geben auch Weine mit leichter Barrique-Note ab. Der Pfälzer Bernd Philippi vom Weingut Koehler-Ruprecht in Kallstadt

vinifiziert einen Grauburgunder von zurückhaltender Frucht mit leichten Vanilletönen und rauchiger Fülle, der bestens zu diesem Gericht schmeckt. Am Gaumen deutlich unaufdringlicher und elegant zeigt sich der Langhe Arneis vom Piemonteser Weingut Ascheri. Die traditionsreiche weiße Rebsorte war in den siebziger Jahren schon fast verschwunden, hat aber in den vergangenen Jahren wieder Aufmerksamkeit und viele Freunde gefunden. Und dann gibt es da noch eine weitere Möglichkeit der Begleitung für den Ziegenkäse - nicht gerade üblich, aber deshalb nicht weniger passend: ein kühles Glas Bier. Mit seiner Frische und den Bittertönen des Hopfens wird ein gutes Pils mit Säure, Süße und herzhafter Würze, wie sie dieses Gericht bietet, spielend fertig.

Der Tipp: Ungewöhnliche Paarungen

Für die Kombination von Speisen und Getränken gibt es ein umfangreiches Regelwerk, vor allem der Weingenuss wird einer ganzen Reihe von Zwängen unterworfen. Weißwein zu Fisch, Rotwein zu rotem Fleisch, Weißwein zu weißem Fleisch, Rotwein zu Käse - so oder ähnlich lauten die klassischen Grundsätze. Befolgen sollte man sie allerdings nicht. Auch Rotwein kann hervorragend zu einem Fischgericht passen, ein mediterran zubereiteter Seeteufel mit Tomatensauce, schwarzen Oliven und Kräutern etwa schreit förmlich nach einem roten Begleiter. Ebenso gut kann man weiße Tropfen zu Fleischgerichten ausschenken - selbst Wild ist nicht auf Rotwein abonniert: Ein gehaltvoller, kräftiger Riesling kann einen Hirschrücken in Schach halten (siehe Seite 100). Entscheidend ist nicht die Farbe, sondern der Körper und Charakter - und mit ein bisschen Mut lassen sich sehr ungewöhnliche, interessante und passende Paarungen finden: halbtrockener Riesling mit Schinken, Portwein mit Schokolade, süßer Riesling mit Gouda - oder eben Ziegenkäse mit einem Gläschen Bier. Eine Grundregel allerdings sollte man doch befolgen: Bei süßen Desserts muss der Wein süßer als die Speise sein, sonst schmeckt er sauer.

Zweierlei Spundekäs'
mit Spätburgunder-Eis und Sesamhippen

Zutaten für vier Personen:

für Spundekäs' mit Kräutern und Paprika

150 g	Frischkäse
50 g	Butter
1	kleine Paprika, rot
1	kleine Paprika, gelb
1 EL	Schnittlauch, geschnitten
1 EL	Kerbel, geschnitten
	Salz, Pfeffer

für klassischen Spundekäs'

150 g	Frischkäse
50 g	Butter
1 EL	Senf
2	Schalotten, fein gewürfelt
1 EL	Paprikapulver
	Salz

für das Spätburgunder-Eis

400 ml	kräftigen Spätburgunder
60 g	Zucker
70 g	Butter
2	Eigelb

für die Sesamhippen

60 g	Eiweiß
50 g	Zucker
100 g	Mehl
1 g	Salz
	Sesam, schwarz
	Sesam, weiß

Zubereitung:

Für den Spundekäs' die raumtemperierte Butter in einer Schüssel mit dem Schneebesen schaumig schlagen. Paprika schälen, vom Kerngehäuse befreien und in kleine Würfel schneiden. Den Frischkäse unter die Butter mengen, die Hälfte davon mit den Paprikawürfeln und den Kräutern vermengen und mit Salz und Pfeffer abschmecken. Die zweite Hälfte mit Senf, gewürfelten Schalotten sowie Paprikapulver vermengen und mit Salz abschmecken. Danach abwechselnd schichtweise in ein Glas oder eine Schale füllen.

Für das Eis den Spätburgunder mit dem Zucker in einen Topf geben und zum Kochen bringen. Eigelbe in einer Schüssel leicht anschlagen, etwas warme Flüssigkeit zugeben und vermengen. Nun den restlichen Spätburgunder zugeben und die Masse in einem Topf bei ständigem Rühren auf 70 Grad erwärmen. Danach die kalten Butterflocken einmontieren, durch ein Sieb passieren und in der Eismaschine frieren.
Für die Sesamhippen Eiweiß mit dem Zucker in einer Schüssel anschlagen, Mehl sowie Salz untermengen und anschließend für eine Stunde in den Kühlschrank stellen.
Nun die Masse in einen Spritzbeutel mit kleiner Öffnung füllen und auf ein Backpapier dünne Streifen aufspritzen. Danach mit zweierlei Sesam bestreuen, im Ofen bei 180 Grad backen und noch im warmen Zustand an einem Kochlöffel spiralförmig aufwickeln.

Anrichten:

Eine Nocke Spätburgundereis auf den Spundekäs' setzen, die Sesamhippe auflegen und mit Tomate sowie Schnittlauch garnieren.

Winkler Hasensprung Riesling Kabinett trocken, Weingut Hupfeld

Die Kombination

Mit komplexen, vielschichtigen oder gar komplizierten Weinen mag sich der Spundekäs' nicht einlassen - auch Patrik Kimpels raffinierte Variation nicht. Cremiger Frischkäse, knackige Paprika und würziger Schnittlauch schreien förmlich nach einem einfachen, aber guten Riesling mit viel frischer Säure und runder Frucht.

Der Wein

Die Familie Hupfeld steht für klassische Rheingauer Rieslinge mit typischem Frucht-Säure-Spiel und erzeugt Weine aus einigen der traditionsreichsten Lagen des Gebietes. Eine davon, den Winkler Hasensprung, erkor schon Goethe zum Kreise seiner Rheingauer Favoriten - Tropfen aus dieser Lage in unmittelbarer Nachbarschaft zum Schloss Johannisberg mochte er besonders gern. Sie zeichnen sich durch viel Volumen und eine kräftige Säure aus. Der Winkler Hasensprung Riesling Kabinett trocken vom Weingut Hupfeld zeigt die ganze Vielfalt des Riesling-Aromen-Spiels, hat den typischen Schmelz und eine rassige Mineralität. Zum Spundekäs' passt dieser ehrliche Schoppen - jung getrunken - perfekt.

Die Alternativen

Zum echten Rheingauer Spundekäs' passt eigentlich nur Riesling. Die Kombination ist so klassisch wie die von Sauternes und Roquefort - nur vielleicht auf etwas bodenständigerem Niveau. So gesehen, bieten sich neben Rieslingen aus dem Rheingau auch jene aus anderen deutschen oder vielleicht noch weiter entfernten Anbaugebieten an. Nur die Tradition spricht gegen einen Elsässer oder einen österreichischen Riesling zum Spundekäs'.
Soll es jedoch partout ein Wein aus einer anderen Rebsorte sein, wird die Sache schon diffiziler. Am besten würde sich noch ein einfacher Spätburgunder schlagen. Aber kein Kraftpaket oder eine Fruchtbombe: Hier wären eher schlanke Vertreter gefragt. Viele Spätburgunder aus den Lagen des mittleren Rheingaus sind leicht und unkompliziert, etwa jener vom Weingut Josef Spreitzer in Oestrich-Winkel. Aber auch an der Ahr oder in Baden dürften passende Weine zu finden sein.

Der Tipp: Wein kaufen

Weinkauf ist Vertrauenssache. Und darum empfiehlt sich, wann immer möglich, ein Besuch beim Winzer persönlich. Nicht weil das besonders günstig wäre - ist es nämlich oft gar nicht. Auch nicht, weil man das Sortiment dort meistens probieren kann - das kann man in vielen Fachgeschäften inzwischen nämlich auch. Nein, man sollte den Wein an der Quelle kaufen, weil ein seriöser Winzer stets mit offenen Karten spielt: Er hat gar kein Interesse daran, für einen kleinen, kurzfristigen Profit Wein an den Kunden zu bringen, den dieser womöglich gar nicht mag. Winzer leben von langfristigen Geschäftsbeziehungen und von der Qualität ihrer Produkte. Das gilt für gute Fachhändler im Übrigen auch. Drei einfache Grundsätze sollte man beim Weinkauf beherzigen:

1. Lassen Sie sich beraten! Je mehr man über Wein weiß, desto selbstständiger kann man einkaufen, aber selbst dann ist vom Händler oder Winzer noch viel Neues zu erfahren.

2. Probieren Sie! Wann immer möglich, sollte man Wein testen, bevor man ihn kauft. Und wer zum Beispiel etwa am frühen Morgen noch nicht in Stimmung für einen Schluck Wein ist, der kauft am besten erst einmal eine Flasche zur Probe - wenn die sich am Abend bewährt, kann man später für Nachschub sorgen.

3. Vergleichen Sie die Preise! Wein gibt es heutzutage in jedem Supermarkt, und auch die Zahl der Fachhändler und Versender ist sehr groß. Durch das Internet ist der Markt ungeheuer transparent und vergleichen sehr leicht geworden - es lohnt sich.

Desserts

Pfirsich Melba auf unsere Art

Zutaten für vier Personen:

	für die Creme
¼ l	Milch
¼ l	Sahne
2	Vanilleschoten
8	Eigelb
110 g	Zucker
7	Blatt Gelatine
500 g	Sahne, geschlagen

	für die Pfirsiche
6	weiße Pfirsiche
¼ l	Pfirsichsaft
1	Vanilleschote
100 g	Zucker
	Saft einer Zitrone
1 EL	Cremepulver, zum Abbinden
200 g	Himbeeren, zum Garnieren

	für die Krokantblätter
100 g	Zucker
100 g	Rohrzucker
100 ml	Orangensaft
75 g	Mehl
75 g	Butter
100 g	Mandelblätter

	für die Sorbets
300 g	Joghurt
1	Vanilleschote
100 g	Zucker
	Saft einer Zitrone
50 ml	Weißwein
300 g	Himbeermark
120 g	Zucker
	Saft einer Zitrone
50 ml	Weißwein

Zubereitung:

Für die Creme Milch, Zucker und aufgeschnittene Vanilleschote aufkochen und langsam unter die Eigelbe rühren. Danach die Eimasse auf einem heißen Wasserbad bis zur Rose abziehen, anschließend die heiße Flüssigkeit durch ein feines Sieb passieren und die kalt eingeweichte Gelatine darin auflösen. Nun die Masse in einer Schüssel auf Eiswasser kalt rühren und die geschlagene Sahne vorsichtig unterheben. Die Creme nun in einen Behälter füllen und für vier Stunden in den Kühlschrank stellen.
Die Pfirsiche schälen, halbieren, entkernen und in Scheiben schneiden.
Zucker karamellisieren, mit Pfirsichsaft ablöschen und mit einer Vanilleschote auskochen. Anschließend die Flüssigkeit abbinden, die Pfirsichscheiben darin gar kochen und alles abkühlen lassen.
Für die Krokantblätter Zucker, Rohrzucker, Mehl mit dem lauwarmen Orangensaft und der warmen Butter zusammen in einer Schüssel vermengen. Die Masse für eine Stunde im Kühlschrank ruhen lassen. Anschließend mit einer kleinen Palette dünne Ringe auf ein Backpapier aufstreichen und mit Mandelblättern bestreuen. Danach das Backpapier auf ein Backblech geben und im vorgeheizten Ofen bei 200 Grad goldbraun backen.

Für das Vanillesorbet Weißwein mit Zucker und einer aufgeschnittenen Vanilleschote in einem Topf zum Kochen bringen. Danach durch ein feines Sieb passieren, den Joghurt und den Zitronensaft untermengen und in der Eismaschine gefrieren. Für das Himbeersorbet Weißwein, Zucker in einem Topf zum Kochen bringen und das Mark dazugeben. Danach durch ein feines Sieb passieren, mit Zitronensaft abschmecken und in der Eismaschine gefrieren. Zum Schluss beide Sorbets schichtweise in einem Metallbehälter übereinander geben und im Frostfach kalt stellen.

Anrichten:

Die Pfirsichspalten mittig auf dem Teller anrichten und mit etwas Pfirsichfond napieren. Die Vanillecreme, Krokantblätter und Pfirsichspalten abwechselnd übereinander setzen. Zum Schluss die Himbeeren und das Sorbet aufsetzten.

Johannisberger Klaus Riesling Spätlese, Weingut Balthasar Ress

Die Kombination

Riesling ist der ideale Partner für den Pfirsich - und umgekehrt. Denn Duft und Geschmack dieser Frucht finden sich auch immer in den Weinen dieser Rebsorte. Für Patrik Kimpels Variation des klassischen Pfirsichs Melba mit ihrer frischen, klaren Frucht, den schmelzigen Vanilletönen und der enormen Süße des Mandelkrokants muss es natürlich ein milder Riesling sein - im Idealfall mit deutlichen Reifetönen und standhafter Säure.

Der Wein

Die Weinberge des Hattenheimer Weingutes Balthasar Ress sind über den gesamten Rheingau verteilt. Darunter befindet sich auch eine kleine Lage, die dem breiten Publikum weniger bekannt, aber umso traditionsreicher ist: der Johannisberger Klaus. Im Jahr 1248 zum ersten Mal erwähnt, liegt dieser Wingert mit seinem tiefgründigen, kalkhaltigen Lössboden am Fuße des weltberühmten Johannisbergs. Seine geschützte Lage sorgt für optimale Traubenreife, die Weine aus dem Klaus sind entsprechend feinfruchtig und elegant. Vor allem aber zeigen sie wie die milde Spätlese von Ress ihre ganze Säure-Süße-Harmonie erst nach einigen Jahren der Entwicklung.

Die Alternativen

Die Auswahl an milden Riesling-Spätlesen und Auslesen zu diesem Dessert ist ausgesprochen groß. Viele Winzer im Rheingau, in Rheinhessen, an der Mosel und in anderen deutschen Anbaugebieten produzieren restsüße Weine, die mit dem Pfirsich und seinen Begleitern auf das Vortrefflichste harmonieren - so natürlich auch die weltweit gerühmten Tropfen aus dem Scharzhofberg vom legendären Weingut Egon Müller an der Saar.

Der Tipp: Süße Weine

Es ist ein nicht selten anzutreffendes Vorurteil, süße Weine seien minderwertige Weine. Die Produktion billiger, lieblicher Massenware hat diese Auffassung über Jahrzehnte gestärkt und dem Ruf des deutschen Weines im In- und Ausland enorm geschadet. Tatsächlich aber ist das Gegenteil der Fall: Bei vielen Winzern bilden die süßen und edelsüßen Gewächse die Spitze der Qualitätspyramide - im Rheingau mehr als irgendwo sonst. Der Grad der Süße eines Weines - die von einem nur ganz leicht süßen "feinherb" bis zur überwältigenden Süße einer Trockenbeerenauslese reicht - wird durch die sogenannte Restsüße bestimmt. Das ist der Anteil des unvergorenen Fruchtzuckers in einem Wein. Je länger eine Traube am Stock reift, desto größer ist der Zuckergehalt bei der Ernte und desto süßer kann der Wein schließlich werden. In Deutschland unterscheidet das Gesetz Spätlesen und Auslesen - die jeweils auch trocken ausgebaut werden können, dann aber meist einen vergleichsweise hohen Alkoholgehalt aufweisen - sowie Beerenauslesen und Trockenbeerenauslesen. Die beiden Letztgenannten werden aus überreifen, eingetrockneten und mitunter auch edelfaulen Beeren gewonnen und haben neben einer intensiven Süße vor allem auch eine unvergleichliche Aromenkonzentration. Verantwortlich für die sogenannte Edelfäule ist der Schimmelpilz

Botrytis cinerea, der bei bestimmten klimatischen Verhältnissen die Haut gesunder Trauben befällt, ihnen Wasser entzieht und so für eine enorme Konzentration des Mostes sorgt. Die unansehnlichen Trauben werden per Hand selektiert, der gewonnene Most gärt nur zögerlich, der Alkoholgehalt bleibt vergleichsweise gering, und die intensive Süße sorgt als Konservierungsmittel für eine fast unendliche Langlebigkeit.
Die weltweit vier wichtigsten Regionen, in denen dieser Weinstil traditionell zur Perfektion gebracht wird, sind das französische Sauternes, das ungarische Tokaj, das österreichische Burgenland - und der Rheingau.

Passionsfrucht-Kardamom-Mousse im Baumkuchenmantel mit Ananas-Schinusbeeren-Gelee und Cashewkern-Krokant-Eis

Zutaten für vier Personen:

	für die Mousse
100 g	Passionsfruchtmark
90 g	Zucker
2	Eigelb
1	Ei
5	Blatt Gelatine
2 g	Kardamom
½	Vanilleschote
250 g	Sahne, geschlagen
	Baumkuchen (siehe Grundsrezept S. 180)
	für das Gelee
1/8 l	Orangensaft
1	Ananas
80 g	Zucker
8	Pimentkörner
5 g	rosa Pfeffer, gemahlen
5 g	Agar-Agar
	für das Eis
½ l	Sahne
100 g	Zucker
6	Eigelb
70 g	Cashewkerne
30 g	Zucker
	für die Hippen
60 g	Eiweiß
50 g	Zucker
100 g	Mehl
1 g	Salz

→

Zubereitung:

Für die Mousse kleine Ringe mit dünnen Baumkuchenscheiben auslegen. Passionsfruchtmark in einem Topf zum Kochen bringen, die eingeweichte Gelatine darin auflösen und auf Eiswasser kalt rühren. Ei sowie Eigelbe mit dem Zucker in einer Schüssel über heißem Wasserbad aufschlagen und anschließend kalt schlagen. Das Passionsfruchtmark, Vanillemark sowie den Kardamom untermengen und die geschlagene Sahne vorsichtig unterheben. Danach die Formen abfüllen und sechs Stunden in den Kühlschrank stellen.
Die Ananas von der Schale lösen, das Fruchtfleisch am Strunk entlang herausschneiden und in kleine Würfel schneiden. Den Zucker in einem Topf karamellisieren, die Pimentkörner hinzugeben und mit dem Orangensaft ablöschen. Nach dem Auskochen passieren, die Ananaswürfel mit dem Fond in einen Topf geben und gar kochen. Nun den rosa Pfeffer untermengen, mit Agar-Agar abbinden und auf ein tiefes Blech ausgießen. Die Masse für eine Stunde im Kühlschrank kalt stellen.

Für das Eis Sahne und Zucker in einem Topf zum Kochen bringen. Eigelbe in einer Schüssel kurz anschlagen und mit etwas heißer Sahne vermengen. Anschließend die restliche Flüssigkeit dazugeben und über einem Topf im heißen Wasserbad zur Bindung rühren. Danach auskühlen lassen und durch ein feines Sieb passieren.
Den Zucker karamellisieren und die gerösteten Cashewkerne untermengen. Nun die Masse auf einem Backpapier dünn aufstreichen, auskühlen lassen, danach in kleine Stücke brechen und in der Moulinette zu feinem Krokant mixen.
Die Eismasse in der Eismaschine frieren und kurz vor dem Gefrieren den Krokant untermengen.

Für die Hippen Eiweiß mit dem Zucker in einer Schüssel anschlagen, Mehl sowie Salz untermengen und anschließend für eine Stunde in den Kühlschrank stellen. Nun die Masse in einen Spritzbeutel mit kleiner Öffnung füllen und auf ein Backpapier dünne Streifen gleichmäßig zu einem Dreieck aufspritzen. Danach im vorgeheizten Ofen bei 180 Grad backen und noch im warmen Zustand formen.

Anrichten:

Die Mousse aus den Ringen lösen, das Ananasgelee in die gewünschte Form schneiden und auf dem Teller anrichten. Eine Nocke Eis aufsetzen, mit der Hippe dekorieren und mit etwas frischem Passionsfruchtfleisch garnieren.

Hundesport

Schloss Johannisberger Riesling

Rosalack Auslese, Weinbau-Domäne Schloss Johannisberg

Die Kombination

Diese Nachspeise ist nicht einfach schwer oder leicht, süß oder fruchtig-sauer, schmelzig oder knusprig - sie ist alles auf einmal. Jedes Element bringt ein anderes Aroma, eine neue Textur und einen anderen Akkord in das Gesamtbild ein. Schmelz und Frucht kommen von der Passionsfrucht, der Mousse und dem Baumkuchenmantel, Säure und Frucht vom Ananasgelee, knusprige Süße und Schmelz vom Cashewkern-Krokant-Eis. Der Begleiter im Glas muss deshalb ebenfalls von allem etwas bieten: eine tiefe fruchtige Süße, eine elegante Säure und einen langen, schmelzigen Nachhall.

Der Wein

Als erstmals im Jahr 1143 erwähnte Keimzelle des Weinanbaus und der Weinkultur im Rheingau zu weltweitem Ruhm gelangt, ist Schloss Johannisberg auch heute noch einer der führenden Betriebe in der Region. In der Monopollage Schloss Johannisberger, die das weithin sichtbare Schloss umgibt, wird seit 1720 ausschließlich Riesling angebaut. Sie gilt deshalb als weltweit erster geschlossener Weinberg, der mit dieser Rebsorte bestückt wurde. Die Rosalack Auslese vom Schloss Johannisberg verbindet feinfruchtige Eleganz mit raffinierter Säure und einem langen fleischigen Schmelz. Typischer kann eine Riesling-Auslese aus dem Rheingau kaum sein.

Die Alternativen

Eine junge Riesling-Auslese ist die natürliche Wahl zu diesem Dessert. Einen vollkommen anderen Akzent setzt dagegen ein Château-Chalon aus dem französischen Jura. Es ist wohl keine Übertreibung, zu sagen, dass es sich dabei um einen der ungewöhnlichsten und charaktervollsten Weine Frankreichs handelt. Anders als selbst in manchen Publikationen der Weinliteratur behauptet, bezeichnet der Name Château-Chalon keinen Weinerzeuger, sondern ein winziges Anbaugebiet, das nur vier Gemeinden umfasst. Dort wird der legendäre "Vin Jaune" mit seiner intensiven, goldgelben Farbe produziert: ein außerordentlich konzentrierter, sehr komplexer, typischerweise nach Walnuss duftender - trockener - Tropfen aus der höchst anspruchsvollen Savagnin-Traube. Nach der extrem selektiven Lese bleibt der Wein sechs Jahre lang im Fass, wobei etwa ein Drittel verdunstet und sich das unverwechselbare, nussige Aroma der Oxidation entwickelt. Bei gemäßigter Zimmertemperatur getrunken, passt dieser beeindruckende, langlebige Sonderling - 100 Jahre schafft er spielend - zu Fisch und weißem Fleisch, aber auch zu Käse und süßen Desserts.

Der Tipp: Wie viel Süßwein?

Weine mit einer hohen Restsüße gehören - wenn es sich um Qualitätsprodukte und nicht um billige Massenware ohne Jahrgang und Herkunftsbezeichnung handelt - meist zu den eher kostspieligen Tropfen. Nicht selten bilden die edelsüßen Weine im Angebot deutscher Winzer die preisliche Spitze. Aber nicht nur deshalb sollte man diese Weine nicht in großen Gebinden und "in rauen Mengen", sondern in kleinen Gläsern und moderater Dosierung ausschenken. Das kommt auch der enormen Konzentration und Aromenvielfalt dieser Weine entgegen. Eine Flasche unkomplizierten Schoppenweines ist schnell getrunken, eine Beerenauslese sollte man schlückchenweise genießen.

Mohn-Grießknödel mit Kürbisschmelze und Grand-Marnier-Schaum

Zutaten für vier Personen:

für die Knödel

½ l	Milch
130 g	Grieß
	Abrieb von einer halben Zitrone
½	Vanilleschote
70 g	Zucker
1	Ei
50 g	Mohn

für den Grand-Marnier-Schaum

3	Eigelb
6 cl	Grand Marnier
50 g	Zucker
1	Blatt Gelatine
150 g	Sahne, geschlagen

für die Kürbisschmelze

80 g	Kürbiskerne, angeröstet
100 g	Butter
30 g	Zucker
30 g	Weißbrot, gerieben

Erdbeerscheiben zum Garnieren

Zubereitung:

Für die Knödel die Milch in einen Topf geben und mit der Butter, Zucker, Mohn sowie einer Prise Salz zum Kochen bringen. Danach den Grieß einrühren und bei mittlerer Hitze ziehen lassen. Die Masse etwas abkühlen lassen und danach das Ei untermengen. Nun aus der Masse Knödel formen und später etwa zehn Minuten lang im köchelnden, leicht gesalzenen Wasser garen.

Für die Schmelze die Kürbiskerne in einer Pfanne anrösten, den Zucker hinzugeben und mit der Butter zusammen aufschäumen. Zum Schluss die fein geriebenen Semmelbrösel beigeben.

Für den Schaum die Eigelbe mit dem Zucker sowie Grand Marnier in einer Schüssel über heißem Wasserbad vorsichtig aufschlagen. Danach die Masse kalt schlagen und mit der geschlagenen Sahne vermengen.

Anrichten:

Erdbeerscheiben am Tellerrand entlanglegen, den Schaum mittig aufgeben und den Knödel mit der Schmelze hineinsetzen. Nach Belieben den Knödel mit Puderzucker bestäuben.

Hochheimer Domdechaney Riesling Spätlese, Domdechant Werner'sches Weingut

Die Kombination

Ein ungemein fruchtiges und süßes Geschmackserlebnis bietet die Mohn-Grießknödel-Komposition: Der Knödel selbst ist zwar locker und nicht dominierend süß - der Grand-Marnier-Schaum, die Erdbeeren und die Kürbiskernschmelze dagegen umso mehr. Der Wein dazu sollte deshalb vor allem Leichtigkeit und eine gewisse Spritzigkeit ausstrahlen. Mit verspielter Säure und deutlicher Mineralität kann er dieses Dessert beschwingt abrunden.

Der Wein

Franz-Werner Michel führt das Domdechant Werner'sches Weingut in siebter Generation. Zum Betrieb gehören Weinberge in allen großen Hochheimer Lagen, darunter in der Domdechaney, die einst dem Mainzer Domkapitel gehörte. Der im Windschatten der Hochheimer Stadtmauer gelegene Südhang hat sehr schwere, kalkhaltige Böden, die einen guten Wasserhaushalt garantieren und den Reben so stets zu hoher Reife verhelfen. Die Werner'sche milde Spätlese aus dieser Lage zeigt sich auch nach zwölf oder mehr Jahren ungemein ausdrucksvoll. Die vollreife Frucht erinnert an Dörrobst und zeigt schöne Alterstöne. Die Süße ist einer breiten Fülle gewichen. Vor allem aber hat der Wein noch immer eine imposante, gut eingebundene Säure, die ihm Frische und Spritzigkeit verleiht.

Die Alternativen

Ein ausgesprochen leichter und dezent prickelnder Begleiter für den Mohn-Grießknödel kommt aus Norditalien: Moscato d'Asti. Strohgelb, sehr aromatisch und mit nur fünf bis sechs Prozent Alkohol kann diese Piemonteser Spezialität den angenehmen Abschluss eines Menüs bilden. Der Moscato vom Weingut Braida in Rocchetta Tanaro zum Beispiel duftet und schmeckt nach Aprikosen, Ananas und Orangen, zeigt aber auch deutliche Mandeltöne. Er ist nicht überwältigend süß, und die dezente Kohlensäure macht diesen Wein unerhört leicht und geradezu luftig.
Gewissermaßen als Ersatz für einen Digestif passt zu diesem Dessert aber natürlich ebenso ein Gläschen Grand Marnier, der ja auch im Gericht selbst eine Rolle spielt. Je älter, desto besser.

Der Tipp: Wein lagern

Die meisten Weine sollten jung - also in den ersten drei Jahren - getrunken werden. Nicht einmal zehn Prozent aller Rotweine und noch viel weniger Weißweine werden mit den Jahren besser. Zur Lagerung eignen sich vor allem hochwertige Rotweine im Bordeaux-Stil und Tropfen aus den Trauben Spätburgunder, Nebbiolo und Shiraz, außerdem Rieslinge und alle edelsüßen Weine. Wer nicht viel Geld für gereifte Weine ausgeben will, sollte sich einen eigenen Vorrat anlegen. Der Weg zum Weinkeller ist dabei unkomplizierter als oft angenommen, es gilt nur, einige Grundsätze zu berücksichtigen:

1. Die Flaschen müssen liegen, sonst trocknen die Korken aus und werden undicht.
2. Die Temperatur muss möglichst stabil sein - Schwankungen sind Gift für jeden Wein. Die eigentliche Lagertemperatur ist dagegen zweitrangig, idealerweise liegt sie zwischen 10 und 15 Grad. Aber auch Werte bis 20 Grad schaden dem Wein nicht, solange die Temperatur nicht stark schwankt.
3. Der Raum muss dunkel sein - starkes Licht beeinträchtigt die Entwicklung des Weins.
4. Die Luft darf nicht zu trocken sein - je höher die Luftfeuchtigkeit, desto besser für die Korken.
5. Extreme Fremdgerüche und ständige, starke Erschütterungen sollten vermieden werden. Auch sie können negativen Einfluss auf die Entwicklung des Weins haben.

Nuss-Nougatschnitte mit Rosmarin-Vanille-Rahmeis und Himbeeren

Zutaten für vier Personen:

für die Nougatschnitte

30 g	Zucker
2	Eigelb
1	Ei
200 g	Nougat, dunkel
80 g	Kuvertüre (67 Prozent)
4	Blatt Gelatine
400 g	Sahne, geschlagen
	Schokoladen-Knusperboden (siehe Grundrezept S. 180)

für das Rosmarin-Vanille-Rahmeis

½ l	Sahne
100 g	Zucker
6	Eigelb
1	Vanilleschote
1	Zweig Rosmarin

für die Karamellsauce

¼ l	Sahne
80 g	Zucker
2 g	Ingwer
5	Eigelb
1	Zweig Rosmarin

für die Himbeersauce

150 g	Himbeeren
40 g	Zucker
½	Vanilleschote
1 EL	Cremepulver
4 g	Ingwer
5 cl	Portwein, rot

Zubereitung:

Für die Nougatschnitte Eigelbe, Ei sowie Zucker in einer Schüssel über einem Topf mit heißem Wasser aufschlagen. Danach die eingeweichte Gelatine darin auflösen, den geschmolzenen Nougat sowie die Kuvertüre untermengen und die geschlagene Sahne vorsichtig unterheben. Den dünn ausgewellten Schokoladen-Knusperboden in eine mit Folie ausgelegte Backform mit Vertiefung geben und die Nuss-Nougatmasse gleichmäßig darauf verteilen. Die Masse nun für etwa acht Stunden in den Kühlschrank stellen.

Für das Eis die Sahne mit dem Zucker, Rosmarin sowie dem Vanillemark in einem Topf zum Kochen bringen. Die Eigelbe in einer Schüssel kurz anschlagen und mit etwas heißer Sahne anrühren. Nun die restliche Flüssigkeit der Schüssel beigeben und über einem Topf mit heißem Wasser zu einer emulgierenden Masse rühren. Danach abkühlen lassen, durch ein feines Sieb passieren und in der Eismaschine gefrieren.

Für die Karamellsauce den Zucker in einem Topf bei mittlerer Hitze zu braunem Karamell erwärmen. Danach mit der Sahne ablöschen, den Ingwer hinzugeben und langsam auskochen lassen. Die Eigelbe in einer Schüssel aufschlagen und mit etwas heißer Karamellsahne verrühren. Nun die restliche Flüssigkeit zugeben und mit dem Rosmarin zusammen über einem Topf mit heißem Wasser zu einer emulgierenden Masse rühren. Die Sauce anschließend etwa zwölf Stunden lang im Kühlschrank kalt stellen und danach durch ein feines Sieb passieren.

Für die Himbeersauce den Zucker mit dem Vanillemark sowie Ingwer in einem Topf bei mittlerer Hitze zu einem hellen Karamell auflösen. Danach die Himbeeren mit dem Portwein zugeben und langsam auskochen. Nun die Flüssigkeit durch ein feines Sieb passieren und mit etwas Cremepulver abbinden. Die Himbeersauce dann für sechs Stunden in den Kühlschrank stellen.

Anrichten:

Die Nougatschnitte aus der Form lösen, in gleich große Quadrate schneiden und auf den Teller legen. Mit beiden Saucen dekorieren und eine Nocke Rosmarin-Vanille-Rahmeis aufsetzen.

Kiedricher Gräfenberg Riesling Beerenauslese, Weingut Robert Weil

Die Kombination

So extrem süß, wie es zu vermuten wäre, ist dieses Dessert gar nicht. Weder der Schokoladenboden der Schnitte noch die Nougat-Mousse darauf haben eine aufdringliche Süße. Von der Karamel Sauce und dem Vanilleeis kommen ohnehin eher Schmelz und leichte Röstaromen. Dennoch braucht der begleitende Wein natürlich auch ein gerüttelt Maß an Süße und Frucht. Vor allem von Letzterem, denn bei dieser Kreation fällt es dem Wein zu, bei aller schokoladigen Fülle für Frische und eine gewisse Leichtigkeit zu sorgen. Dazu ist auch eine ordentliche, nicht dominante, aber deutliche Säure vonnöten. Mit Würze und Mineralität kommt man hier nicht weit - und Reifetöne sind gegen den süßen Schmelz der Nougatschnitte ohnehin chancenlos.

Der Wein

Es waren vor allem edelsüße Weine, mit denen Wilhelm Weil, der das Kiedricher Weingut Robert Weil in vierter Generation führt, in den neunziger Jahren weltweit Furore gemacht hat. Gerade der Gräfenberg mit seiner geschützten Südwestlage im Kiedricher Talkessel ist wie geschaffen für Tropfen dieser Qualität und Intensität. Schon Ende des 12. Jahrhunderts war diese Lage als "mons Rhingravii, der Berg der Rheingrafen", ein Begriff, und Ende des 19. Jahrhunderts wurden die Weine aus diesem Wingert vor allem international als "Grand Cru von deutschem Boden" verehrt. Weils Beerenauslese zeichnet sich durch eine geradezu unendliche, satte Süße und faszinierend üppige Frucht - Apfel, Pfirsich, Quitten, Exotik - aus. Sie ist gepaart mit einer stabilen, aber nicht im Vordergrund stehenden Säure, die dem Wein Frische gibt. Obwohl er großes Lagerpotenzial hat, sollte er zu diesem Gericht jung getrunken werden.

Die Alternativen

Auf junge Beerenauslesen vom Riesling sollte bei diesem Dessert die Wahl fallen. Edelsüße Tropfen von anderen Rebsorten dürften im Allgemeinen zu wenig Säure mitbringen, um der Kreation auf dem Teller wenigstens einen Hauch Spritzigkeit zu verleihen. Ein ausgezeichneter Partner wäre aber auch eine Trockenbeerenauslese vom Burgenländer Süßwein-Experten Alois Kracher. Jahrgang für Jahrgang produzieren Senior, Junior und inzwischen auch der Sohn des Juniors, Gerhard Kracher, gemeinsam eine ganze Palette beeindruckender Trockenbeerenauslesen, beispielsweise vom Welschriesling.

Der Tipp: Weinreste

Keine Flasche Wein muss mit Gewalt ausgetrunken werden. Die meisten Tropfen guter Qualität - insbesondere junge - kann man im Kühlschrank problemlos einige Tage lang aufbewahren. Sowohl Weiße als auch Rote verlieren dabei weder ihren Geschmack noch ihre Struktur. Wichtig ist, dass die Flasche gut verschlossen ist - und dass auf diese Weise gelagerte Rotweine etwa eine Stunde vor dem Servieren aus dem Kühlschrank genommen werden, damit sie nicht zu kalt ins Glas kommen. Um den Kontakt des Weins mit Luft zu minimieren, werden im Fachhandel verschiedene Vakuumverschlüsse angeboten. Eine günstigere, aber ebenso effektive Methode, um Weinreste für mehr als nur ein paar Tage zu lagern, ist das Umfüllen in kleine Flaschen. Auch die müssen anschließend in den Kühlschrank, sie bieten aber den Vorteil, dass der Wein in ihnen mit viel weniger Luft in Berührung kommt als in großen, angebrochenen Flaschen. Wer nicht extra ein paar kleine Gebinde (am besten mit Schraubverschluss) auf Vorrat kaufen will, kann zum Beispiel die Kleinflaschen aus dem Flugzeug oder geleerte Süßweinflaschen nutzen. Apropos Süßwein: Er hat den unschätzbaren Vorteil, dass er sich auch in geöffnetem Zustand mitunter über Monate im Kühlschrank hält, ohne merklich an Qualität einzubüßen. Das gilt besonders für Weine, die in gewissem Maße ohnehin schon oxidiert sind, wie etwa Sherry und Madeira.

Kalte Aprikosen-Rieslingsekt-Suppe mit Zitronen-Eis-Mousse

Zutaten für vier Personen:

	für die Sektsuppe
½ l	Aprikosenmark
50 g	Zucker
¼ l	Rieslingsekt
2	Vanilleschoten
2	Blatt Gelatine
200 g	Aprikosen, getrocknet
5 g	Ingwer
1/8 l	Wasser
1	Beutel schwarzer Tee
70 g	Zucker
	für die Zitronen-Eis-Mousse
200 ml	Zitronensaft
100 g	Zucker
5	Eiweiß
100 g	Zucker
250 ml	Sahne

Zubereitung:

Für die Suppe das Aprikosenmark mit Zucker und einer Vanilleschote in einem Topf zum Kochen bringen. Die Gelatine in kaltem Wasser einweichen, danach gut ausdrücken und in die heiße Aprikosensuppe einrühren. Anschließend die Suppe im Kühlschrank oder auf Eiswasser stark abkühlen. Schließlich vorsichtig den Sekt zugeben.
Nun die getrockneten Aprikosen in kleine Würfel schneiden, das Wasser mit dem schwarzen Tee zum Kochen bringen, über die Aprikosen geben und ziehen lassen. Den Zucker in einem Topf karamellisieren, den geriebenen Ingwer und die zweite Vanilleschote dazugeben und die Aprikosenwürfel mit dem Fond darin auskochen. Anschließend abkühlen lassen.

Für die Zitronen-Eis-Mousse den Zitronensaft mit einem Teil Zucker vermengen und in der Eismaschine gefrieren. Dann die Eiweiße mit dem restlichen Zucker zu einem steifen Eischnee schlagen und danach mit der festen Sahne sowie dem gefrorenen Zitronensaft vermengen.
Anschließend die Eis-Mousse-Masse für rund zwei Stunden in den Tiefkühler stellen.

Anrichten:

Das Aprikosenkompott in einen tiefen Teller geben, die kalte Sektsuppe vorsichtig angießen, und schließlich die Zitronen-Eis-Mousse daraufgeben.

Riesling **Sekt Brut**, Weingut Georg Breuer

Die Kombination

Mit so viel fruchtiger Spritzigkeit, wie sie das Aprikosen-Rieslingsekt-Süppchen bietet, kommen die wenigsten Weine zurecht. Dafür ist vor allem das mit Sekt aufgegossene Aprikosenpüree verantwortlich, Frische und viel Säure steuert die Zitronen-Eis-Mousse bei. Die Süße bleibt bei dieser Komposition deutlich im Hintergrund. Statt eines klassischen, restsüßen oder edelsüßen Dessertweins muss deshalb ein guter Winzersekt her, der seinerseits über große Frische und prickelnde Säure verfügt.

Der Wein

Aus dem Rüdesheimer Weingut Georg Breuer kommen nicht nur Spitzenweine, sondern auch zwei nach traditioneller Flaschengärung hergestellte Winzersekte von großer Präsenz: der frische Riesling Brut und der nach Champagner-Art komponierte Georg Breuer Brut. Der Rieslingsekt zeigt alle Tugenden der Breuer'schen Rieslinge. Er hat nicht zu viel Säure, vereint Würze und Schmelz mit typischer Rieslingfrucht - Zitrus, Aprikose, Pfirsich - und verfügt über eine schöne Feinperligkeit. Wie alle Sekte sollte er nicht lange gelagert, sondern jung getrunken werden.

Die Alternativen

Nicht viele Winzersekte in Deutschland haben die Qualität wie die vom Weingut Breuer. Aber natürlich können auch Tropfen aus anderen Häusern Patrik Kimpels Aprikosen-Rieslingsekt-Suppe begleiten. Allerdings sollten sie nicht zu trocken sein und viel Frucht und feine Süße haben, wie zum Beispiel der Riesling Brut vom Sektgut Menger-Krug in Deidesheim in der Pfalz oder jener vom Sekthaus Raumland im rheinhessischen Flörsheim-Dalsheim. Von dort kommt auch ein Rosé Brut, der es mit dem Sektsüppchen aufnehmen könnte. Das gilt im Übrigen auch für die meisten Rosé-Champagner - solange sie "Brut" und nicht "Extra Brut" sind.

Der Tipp: Schaumweine

Sekt, Champagner, Cava, Crémant - die Vielfalt unter den Schaumweinen ist groß. Und das betrifft nicht nur Herkunft und Produktionsmethoden, sondern leider auch die Qualität. Ihr Prickeln erhalten diese Weine durch Kohlensäure, die entweder durch Gärung entsteht oder maschinell zugeführt wird. Auf der einen Seite der Qualitätsskala stehen Schaumweine, die durch Flaschengärung hervorragender Grundweine entstehen, auf der anderen günstige Perlweine, bei denen wie bei einer Limonade unter Druck Gas in einen Billigwein gepresst wird. Das deutsche Weingesetz unterscheidet Schaum- und Perlweine vor allem nach dem Druck, den sie in der Flasche entwickeln, und nicht nach der Produktionsmethode. Dennoch erhalten praktisch alle Perlweine ihre Kohlensäure nicht durch eine zweite Gärung. Nachdem sie fast schon in Vergessenheit geraten waren, haben "Seccos", wie sie heute oft genannt werden, mit dem Siegeszug des italienischen "Prosecco" wieder an Popularität gewonnen. Leider verlieren die meisten ihre Spritzigkeit schneller, als man trinken kann. Viele einfache Schaumweine durchlaufen die zweite Gärung, die ihnen das Prickeln verleiht, in einem großen

Für wirklichen Genuss sorgen im Grunde aber nur Tropfen, die nach traditioneller Methode in der Flasche vergoren werden. Dabei muss es nicht immer Champagner - die namensgeschützte Berühmtheit aus dem gleichnamigen, französischen Anbaugebiet - sein. Auch andere Schaumweine aus Frankreich, Spanien oder Italien müssen sich ebenso wenig verstecken wie deutscher Winzersekt. Durch die langsame Flaschengärung zeigen sie alle ein stetiges, sehr feines und lang anhaltendes Perlen. Das erreicht man mit keiner anderen Methode. Die Perlen eines günstigen Prosecco wirken dagegen wie aufsteigende Luftballons.
Im Gegensatz zu den meisten anderen Weinen hält sich eine angebrochene Flasche Sekt oder Champagner übrigens nicht lange. Das Verschwinden des Prickelns kann man zwar durch Kühlung und einen luftdichten Verschluss verzögern. Spätestens nach zwei Tagen im Kühlschrank sollte der Rest aber doch den Weg ins Glas finden - sonst bereitet er kein Vergnügen mehr.

Schokoladen-Kokos-Praline mit Kirsch-Lavendel-Gelee

Zutaten für vier Personen:

für die Praline

100 g	Kokosmilch
40 g	Kokosflocken, geröstet
50 g	Zucker
4	Eigelb
3	Blatt Gelatine
200 g	Sahne
1	Ei
1	Eigelb
30 g	Zucker
150 g	Kuvertüre (70 Prozent)
1	Blatt Gelatine
200 g	Sahne, angeschlagen
150 g	Kuvertüre (70 Prozent) zum Überziehen
30 g	Kokosflocken

für das Gelee

300 g	Kirschsaft
5 g	Lavendelblüten
120 g	Zucker
4	Blatt Gelatine
8	Kirschen

für die Hippenspiralen

1	Ei
50 g	Zucker
30 g	Marzipan
100 g	Mehl
10 g	Kakao

Zubereitung:

Für die erste Pralinenmasse Kokosmilch mit den Kokosflocken sowie dem Zucker in einem Topf zum Kochen bringen. Eigelbe in einer Schüssel anschlagen und mit etwas heißer Milch verrühren. Nun die restliche Flüssigkeit zugeben, über einem Topf mit heißem Wasserbad bis zur Rose abziehen und die eingeweichte Gelatine darin auflösen. Die Masse auf Eiswasser kalt rühren und vor dem Gelieren die Sahne unterheben. Zum Schluss die Kokosmasse in halbrunde Formen abfüllen und für sechs Stunden in den Kühlschrank stellen. Nun für die zweite Pralinenmasse das Ei und das Eigelb mit dem Zucker in einer Schüssel über dem heißen Wasserbad vorsichtig aufschlagen. Danach die eingeweichte Gelatine darin auflösen und die flüssige Kuvertüre zügig untermengen. Nun die angeschlagene Sahne unterheben und ebenfalls in halbrunde Formen abfüllen. Auch diese Masse für sechs Stunden in den Kühlschrank stellen. Anschließend die beiden gekühlten Massen aus den halben Schalen lösen und jeweils eine Kokos- und eine Schokoladenmasse an den Schnittflächen zusammenfügen. Die so entstandenen Kugeln vorsichtig mit flüssiger Kuvertüre überziehen und in Kokosflocken wälzen. Für das Gelee den Zucker goldgelb karamellisieren, mit Kirschsaft ablöschen, die Lavendelblüten beigeben und auskochen lassen. Die eingeweichte Gelatine darin auflösen. Anschließend die Flüssigkeit in eine mit Folie ausgelegte Form gießen und dann für sechs Stunden in den Kühlschrank stellen. Für die Hippen die Eier, Zucker und Marzipan in einer Küchenmaschine aufschlagen. Danach das Mehl sowie den Kakao untermengen, in einen Behälter füllen und eine Stunde ruhen lassen. Nun ein Blech mit Backpapier auslegen, die Masse in einen Spritzbeutel füllen und dünne Streifen auf das Papier geben. Das Backblech anschließend für etwa fünf Minuten in den auf 180 Grad vorgeheizten Ofen schieben. Schließlich in warmem Zustand zu Spiralen formen.

Anrichten:

Das Kirsch-Lavendel-Gelee rund ausstechen und in kleine Würfel schneiden und auf dem Teller anrichten. Die Praline aufsetzen, mit der Spirale bedecken. Zum Schluss mit frischen Kirschen dekorieren.

Hattenheimer Mannberg Riesling Spätlese Blaukapsel, Weingut Langwerth von Simmern

Die Kombination

Die altbewährte Kombination von Schokolade und Kirsche steht bei diesem Dessert im Vordergrund. Von der Schoko-Kokos-Praline kommen vor allem schmelzige Süße und feine Nuss-Aromen, vom Gelee dazu viel Frucht und Säure. Insbesondere Kokos fordert vom begleitenden Wein eine deutliche Säure. Außerdem sind Schmelz, Reife und eine gewisse Würzigkeit gefragt, um gegen die Schokolade bestehen zu können.

Der Wein

Das Freiherrlich Langwerth von Simmern'sche Rentamt, wie es mit vollem Namen heißt, ist eines der traditionsreichsten, wenn nicht das traditionsreichste Familienweingut Deutschlands. Seine Geschichte geht in ungebrochener Linie bis auf das Jahr 1464 zurück: Damals wurde Johann Langwerth von Simmern für seine Verdienste als Kanzler des Herzogs Ludwig von Pfalz-Zweibrücken mit 32 2/3 Morgen Hattenheimer Mannberg belohnt. Und seither keltert die Familie von dieser wie von anderen Spitzenlagen in Hattenheim, Erbach und Rauenthal vor allem Rieslinge erster Güte. In der Keimzelle des Gutes, dem Mannberg, wachsen auf tiefgründigen, kalkhaltigen Lössen kraftvolle, dichte Weine mit komplexer Frucht, feiner Würze und großer Langlebigkeit. Die restsüße Spätlese Blaukapsel bietet schon in jungen Jahren neben vielschichtigen Fruchtkomponenten vor allem einen würzigen Körper und wunderbare Schmelzigkeit.

Die Alternativen

Das Schlossgut Diel in Rümmelsheim ist einer der angesehensten Betriebe an der Nahe. Die Riesling-Auslese Goldkapsel aus der Spitzenlage Dorsheimer Goldloch ist ein Ausweis dieser Güte und eine wunderbarer Begleiterin der Schoko-Kokos-Praline: Der Wein hat viel konzentrierte Frucht, Schmelz und Fülle und klare Aprikosen- und Zitrusaromen zu bieten. Im Alter zwischen fünf und acht Jahren hat er zwar schon klare Alterstöne; die dezente Fruchtsüße und die spritzige Säure stehen aber noch immer im Vordergrund.
Einen ganz anderen, aber ebenso interessanten Akkord zu diesem Dessert liefert ein Banyul. Der portähnliche, alkoholreiche Wein stammt aus dem äußersten Südwesten Frankreichs aus dem Anbaugebiet Roussillon. Er wird aus der roten Grenache-Traube gekeltert und ist meist über viele Jahrzehnte lagerfähig. Banyul zeichnet sich durch Schmelz und eine Vielfalt von Aromen - von Trockenobst, Röstkaffee und Pflaumen bis Kakao und Tabak - aus. Seine Süße ist nicht aufdringlich, sondern gibt dem Wein eine enorme Vollmundigkeit.

Der Tipp: Weinstein

Farblose Kristalle am Boden eines Glases mit Weißwein, dunkelroter, fast schwarzer Niederschlag in einer Flasche edlen Rotweins - mancher unbedarfte Weintrinker hält das möglicherweise für Zuckerablagerungen oder gar Schmutz, auf jeden Fall aber für einen Fehler. Tatsächlich ist der sogenannte Weinstein aber vollkommen harmlos und eher ein Ausweis dafür, dass der Wein, in dem er auftritt, nicht mit allerlei modernen Methoden nachbehandelt wurde, sondern seinem ganz natürlichen Reifeprozess überlassen wurde. Weinstein ist die Ablagerung der Substanz Kaliumtartrat in farblosen oder durch die Pigmente im Rotwein eingefärbten Kristallen. Gute Weine bauen über diese Ablagerungen überschüssige Säure ab. So störend Weinstein optisch auch ist, die Qualität des Weins beeinträchtigt er nicht. Wenn er versehentlich in den Mund gelangt, kann er allerdings sehr unangenehm sein, und deshalb ist schon vor Generationen die Praxis des Dekantierens entstanden (s. S. 111). Anders als heute diente diese Technik eigentlich weniger zur Belüftung der Weine, als viel mehr dazu, den Flascheninhalt vorsichtig vom Weinstein, der nach dem Umgießen in der Flasche verbleibt, zu trennen.

Variation von Los'Arncones-Schokolade und Mango

Zutaten für vier Personen:

für das Mangoparfait

100 g	Mangomark
50 g	Zucker
2	Blatt Gelatine
3	Eiweiß
50 g	Zucker
100 g	Sahne, geschlagen
	Saft einer halben Limone

für das Mangosorbet

2	Thai-Mangos
150 g	Zucker
½	Vanilleschote
½ TL	Kardamom
1	Limone
¼ l	Mineralwasser, still
1/8 l	Orangensaft

für die Mango-Joghurt-Mousse

250 g	Mangomark
50 ml	Läuterzucker (s. Grundrezept S. 186)
2	Blatt Gelatine
½	Vanilleschote
½	Limone
250 g	Joghurt, natur
50 ml	Läuterzucker (s. Grundrezept S. 186)
½	Limone
2	Blatt Gelatine

für die Schokoladentarte

	Mürbeteig
100 g	Sahne
20 g	Butter
100 g	Vollmilch-Kuvertüre
200 g	Kuvertüre (65 Prozent)

für die Pralinenschnitte

	dunkle Schokoladenkapsel (siehe Grundrezepte S. 191)
1	Ei
1	Eigelb
40 g	Zucker
1	Blatt Gelatine
150 g	Kuvertüre (67 Prozent)
50 g	Nuss-Nougat
300 g	Sahne, geschlagen
1 cl	Cognac

für die Grand-Marnier-Trüffel

100 g	Sahne
40 g	Butter
100 g	Vollmilch-Kuvertüre
150 g	Kuvertüre (67 Prozent)
4 cl	Grand Marnier
50 g	weiße Schokolade
50 g	Kuvertüre (67 Prozent)

Zubereitung:

Für das Mille-feuille von Joghurt und Mango den Joghurt mit dem Läuterzucker etwas erwärmen und danach die Gelatine darin auflösen. Das Mangomark ebenfalls mit dem Läuterzucker erwärmen, die Vanilleschote hinzugeben und die eingeweichte Gelatine darin auflösen.

Nun beide Massen kalt rühren, mit Limonensaft abschmecken und schichtweise in Metallringe übereinanderschichten. Danach sechs Stunden in den Kühlschrank stellen.

Für das Mangoparfait das Mangomark mit einem Teil des Zuckers in einem Topf zum Kochen bringen. Die Gelatine darin auflösen und anschließend auf Eiswasser kalt rühren.
Nun Eiweiß mit dem Zucker zu steifem Schnee schlagen und unter die kalte Mangomasse heben. Dann die geschlagene Sahne vorsichtig untermengen, mit etwas Limonensaft abschmecken und die Masse in kleine Ringe oder Formen füllen. Diese im Gefrierfach etwa acht Stunden lang gefrieren.

Für das Mangosorbet die Thai-Mangos schälen. Das Fruchtfleisch vom Stein lösen und in kleine Stücke schneiden. Den Zucker in einem Topf leicht karamellisieren, mit Orangensaft ablöschen. Die Mangostücke mit der Vanilleschote und dem Kardamon dazu geben und auskochen. Anschließend die Mangomasse in einem Mixer fein pürieren und durch ein Sieb passieren. Mit Limonensaft sowie dem Mineralwasser abschmecken und in der Eismaschine gefrieren.

Für die Schokoladentarte den Mürbeteig dünn ausrollen, in eine kleine gebutterte Backform auslegen, vorsichtig etwas Backpapier hinein legen und mit Backlinsen auffüllen. Danach im vorgeheizten Ofen bei 180 Grad backen. Nun Sahne und Butter in einen Topf geben und bei schwacher Hitze auflösen. Den Topf zur Seite nehmen, die in kleine Stückchen geschnittene Kuvertüre in der Buttersahne auflösen und kalt rühren. Das Backpapier mit den Linsen aus den ausgekühlten Formen nehmen, die Schokoladensahne in die Formen füllen und drei Stunden in den Kühlschrank stellen.

Für die Pralinenschnitte die dunkle Schokoladenkapsel in eine mit Folie ausgelegte Backform geben. Ei und Eigelb mit dem Zucker in einem Topf über dem heißen Wasserbad aufschlagen. Die eingeweichte Gelatine darin auflösen und die flüssige Kuvertüre sowie das Nougat zügig untermengen. Nun die geschlagene Sahne vorsichtig unterheben und mit dem Cognac abschmecken. Die Masse in die Schokoladenkapsel in die Form füllen und sechs Stunden in den Kühlschrank stellen.

Für die Trüffel Sahne und Butter in einem Topf bei schwacher Hitze zum Kochen bringen. Den Topf zur Seite nehmen und die Kuvertüre unterrühren. Nun den Grand Marnier dazu geben und die Masse langsam kalt rühren. Bevor sie fest wird, die Masse in einen Spritzbeutel abfüllen und kleine Kugeln auf ein Blech setzten. Diese dann mit den Händen vorsichtig zu gleich großen Kugeln formen. Diese schließlich mit flüssiger, nicht zu warmer Kuvertüre überziehen und zum Schluss mit weißer Kuvertüre dekorieren.

Anrichten:

Die einzelnen Bestandteile des Gerichts vorsichtig aus den Formen nehmen, in die gewünschte Form schneiden und anschließend auf einem großen Teller sauber auflegen.

Johannisberger Klaus Riesling Auslese, Weingut Prinz von Hessen

Die Kombination

Patrik Kimpels Schokoladen- und Mango-Variationen versammeln einen ganzen Strauß von Geschmackseindrücken - ein immer neues Spiel von Schoko- und Fruchtaromen. Alle sieben Elemente bieten viel Süße, kommen aber fast vollständig ohne Säure aus. Die sollte vom Wein kommen, um dem Gericht Frische und Leichtigkeit zu geben. Viel Süße braucht der ideale Begleiter nicht, denn die findet sich schon in großer Fülle auf dem Teller. Stattdessen sollte er gereifte Eleganz und Raffinesse haben.

Der Wein

Die Tropfen vom Johannisberger Klaus sind bekannt dafür, dass sie ihr volles Potenzial immer erst nach einiger Zeit der Entwicklung erreichen. Vor allem deshalb ist die Auslese des Weingutes Prinz von Hessen von dieser kleinen geschützten Lage am Fuße des berühmten Johannisbergs wie geschaffen für die Schokoladen-Variationen von Patrik Kimpel. Dieser Wein wird mit fortschreitendem Alter immer eleganter und finessenreicher und steckt auch ohne dominierende Süße voller reifer Fruchtigkeit.

Die Alternativen

Die edelsüßen Rieslinge vom Weingut Fritz Haag gehören zu den besten weltweit. Sie kommen aus den besonders privilegierten Lagen Brauneberger Juffer und Brauneberger Juffer-Sonnenuhr, letztere ist das Kernstück der Gesamtlage und bringt auch in schwierigen Jahren große Weine hervor. Ausgeprägte Mineralität, Finesse und kräftige Säure verleihen dieser Auslese auch nach langen Jahren der Reife eine frische, leichte Eleganz - geradezu ideal für die Schokovariationen. Portwein ist ein guter Partner für Käse; aber auch zu Desserts, insbesondere zu jenen, bei denen Schokolade eine zentrale Rolle spielt, macht dieser aus roten Trauben gekelterte und mit hochprozentigem Alkohol gespritete Wein eine gute Figur. Je älter er ist (ein Portwein darf gut und gerne 25 bis 30 Jahre lagern), desto stärker wird seine Süße von der fortschreitenden Reife verpackt. Einen interessanten Kontrapunkt zu den Schokoladen- und Mango-Variationen setzt Grand Marnier, der sich wegen seines hohen Alkoholgehaltes und enorm süßen Orangenaromas gut behaupten kann. Auch er sollte möglichst alt und gereift sein.

Der Tipp: Verstärkte Weine

Sherry, Port und Madeira - so unterschiedlich diese Tropfen auch sind, haben sie doch etwas gemeinsam: Es sind gespritete Weine, die nachträglich mit Alkohol verstärkt werden. Ähnliche Weine findet man auch in vielen Gegenden Frankreichs (Vin Doux Naturels), in Sizilien (Marsala), Australien und Südafrika, die drei iberischen Gewächse sind jedoch mit Abstand die wichtigsten Vertreter dieses Stils. Während bei Portwein und Madeira der Alkohol in Form von Branntwein während der Gärung des Grundweins zugegeben wird, kommt der zusätzliche Alkohol beim Sherry erst nach dem Ende der Gärung in den Wein. Ausgangsprodukt ist beim Sherry ein trockener Weißwein, der nach dem Aufspriten in großen, offenen Fässern reift und sein charakteristisches Nussaroma entwickelt. Es gibt zahlreiche Sherry-Stile, die lieblichen Vertreter werden nach der Reife je nach Bedarf nachgsüßt.

Beim Portwein, der meist aus roten Trauben gekeltert wird, hat das Aufspriten die Funktion, die Gärung des Grundweins nach wenigen Tagen zum Stillstand zu bringen, sodass ein alkoholstarker, süßer Wein entsteht, der in großen Fässern oder auf der Flasche reift. Madeira entsteht zunächst wie Portwein aus weißen oder roten Grundweinen, deren Gärung je nach gewünschtem Süßegrad früher oder später durch die Zugabe von Weinbrand unterbrochen wird. Ihr spezielles Karamellaroma bekommt diese Weinspezialität anschließend durch langsames Erhitzen und Oxidieren in großen, offenen Bottichen.

Prinzess**törtchen**

Zutaten für vier Personen:

	für die Törtchen
70 g	Zucker
5	Eiweiß
70 g	Zucker
5	Eigelb
110 g	Mehl
15 g	Kakaopulver
600 g	Sahne
100 g	dunkle Kuvertüre
2 cl	Cognac

	für die Schokoladen-Ganache
½ l	Milch
150 g	dunkle Kuvertüre
150 g	Mandelblätter, geröstet

Zubereitung:

Zucker und Eiweiß in einer Schüssel zu festem Eischnee schlagen. Danach Zucker mit dem Eigelb zu einer schaumigen Masse aufschlagen. Nun beide Eimassen gemeinsam mit dem Mehl sowie Kakaopulver vermengen und auf ein Backblech mit Backpapier aufstreichen. Die Masse im Ofen bei 200 Grad backen und danach kleine Ringe ausstechen.
Nun die Sahne in einem Topf erwärmen, die Kuvertüre einrühren und anschließend kalt stellen. Die gekühlte Schokoladensahne dann in einer Schüssel mit dem Schneebesen anschlagen und mit dem Cognac abschmecken. Danach die gebackenen Schokoladenringe mit der Sahne in drei Schichten abwechselnd übereinandersetzen. Die Törtchen in den Kühlschrank stellen und kühlen.
Die Milch in einem Topf erwärmen und die Kuvertüre einrühren. Törtchen aus dem Kühlschrank nehmen, auf ein Kuchengitter setzen und mit der Schokoladenganache überziehen. Zum Schluss mit den gerösteten Mandelblättern verzieren.

Assmannshäuser

Höllenberg Spätburgunder Weißherbst Auslese, Weingut Krone

Für das Prinzesstörtchen gibt es nur einen Wein. Im "Kronenschlösschen" wird zu dieser Spezialität des Hauses stets nur die Spätburgunder-Weißherbst-Auslese vom Assmannshäuser Höllenberg empfohlen und serviert. Das hat Tradition - aber auch noch einen anderen Grund: Dieser ungewöhnliche Wein, der nach einigen Jahren der langsamen Reife in einem zarten Rosé-Kupfer-Ton im Glas schimmert, geht mit Patrik Kimpels Schokoladentörtchen eine ideale Kombination ein. Schon jung bietet dieser Tropfen eine schöne Harmonie von Süße und Säure, wie man sie sonst eher von restsüßen Weißweinen kennt. Zu großer Form läuft die Weißherbst-Auslese allerdings erst nach acht oder mehr Jahren auf. Dann duftet und schmeckt sie immer intensiver nach gereiften Trockenfrüchten, darunter Aprikose und Pflaume; Mandel- und Vanilletöne runden das Geschmacksbild ab. Süße und Säure bleiben auch nach vielen Jahren der Lagerung rund und eingebunden und finden mit dem süßlich-bitteren Schmelz des Törtchens eine perfekte Balance.

Der Tipp: Notizen

Die Welt der Weine ist unendlich groß und unübersichtlich. Es ist schlicht unmöglich, sie in ihrer ganzen Fülle vollständig zu erfassen. Ohne Hilfsmittel und Gedächtnisstützen kommen selbst jene nicht aus, die sich wie Helge Hagen (rechts), professionell mit dem Rebensaft in seinen vielfältigen Ausprägungen beschäftigen - der riesige Bestand an Fachliteratur ist ein Ausweis dessen. Ein paar Notizen können mitunter Wunder wirken. Man muss es als interessierter Laie ja nicht so weit treiben wie Michael Broadbent: Der Grand-Seigneur der internationalen Weindegustation, der viele Jahrzehnte lang die Weinabteilung des Londoner Auktionshauses Christie's leitete, trägt zeit seines Weinlebens ein kleines rotes Büchlein bei sich. Darin hält er alles fest, was ihm zu jedem Schluck Wein, den er trinkt, einfällt. Mehr als 130 seiner berühmten Verkostungsbüchlein hat er bisher mit mehr als 85.000 Einträgen gefüllt, in einem fast 700 Seiten starken Buch hat er seine "Notizen aus 50 Jahren" inzwischen veröffentlicht. In solche Dimensionen stößt der durchschnittliche Weintrinker natürlich nicht vor. Aber ein kleines Notizheft, in dem man Namen, Eindrücke und sonstige Informationen festhält, kann tatsächlich ausgesprochen hilfreich sein. Wie schnell ist der Name eines bisher unbekannten Weines vergessen? Wie leicht gerät die dazu servierte, perfekt passende Speise in Vergessenheit? Ein paar Worte im Heftchen genügen, um diese Informationen zu konservieren - und später wieder nutzen zu können. Der Aufwand ist nicht groß, aber er lohnt sich.

Die Grundrezepte

Grundrezept **Baum**kuchen

Zutaten:

320 g	Butter
190 g	Zucker
12	Eigelb
120 g	Stärke
170 g	Mehl (Typ 550)
3 g	Salz
5 g	Kardamom
12	Eiweiß
180 g	Zucker

Zubereitung:

Butter mit dem Zucker schaumig schlagen und nach und nach die Eigelbe zugeben. Eiweiß mit dem Zucker zu steifem Eischnee schlagen und mit dem Mehl, Stärke, Salz sowie Kardamom unter die Buttermasse heben. Danach die Masse in ein tiefes Backblech geben, dünn aufstreichen und unter dem Grill bei 220 Grad backen. Dann die nächste Schicht auftragen und immer wiederholen, bis die Masse aufgebraucht ist. Schließlich den gebackenen Kuchen auskühlen lassen und aus der Form lösen.

Grundrezept **Crêpes**-Teig

Zutaten:

150 g	Mehl
8	Eier
0,4 l	Milch
	Salz, Pfeffer

Zubereitung:

In einer Schüssel die Milch mit den Eiern verrühren. Das Mehl nach und nach zugeben. Den Teig mit Salz und Pfeffer würzen und durch ein feines Sieb passieren.

Grundrezept Schokoladen-**Knusper**boden

Zutaten

100 g	Kuvertüre (63 Prozent)
20 g	Kakaobutter
30 g	Pailleté feuilletine
20 g	Nuss-Nougat

Zubereitung:

Kuvertüre und Nuss-Nougat in einer Schüssel über einem heißen Wasserbad (45 Grad) schmelzen, die Kakaobutter und die Pailleté feuilletine untermengen. Dann die Masse auf einem Backpapier ausrollen und bei 220 Grad backen.

KRONEN
SCHLÖSSCHEN

KRONEN
SCHLÖSSCHEN

Grundrezept **Geflügelfarce**

Zutaten:

100 g	Putenbrust
0,1 l	Sahne
	Salz, Cayennepfeffer

Zubereitung:

Die Putenbrust durch den Fleischwolf drehen (oder klein hacken) und kurz ins Gefrierfach stellen. Dann die Putenbrust in den Mixer geben und nach und nach mit der gut gekühlten Sahne verrühren. Mit Salz und Cayennepfeffer abschmecken.

Grundrezept **Geflügelfond**

Zutaten:

2	junge Suppenhühner
2	Karotten
1	Stange Lauch
½	Sellerieknolle
10	Champignons, weiß
3	Nelken
5	Lorbeerblätter
½ TL	Pfefferkörner, schwarz
1 EL	Meersalz

Zubereitung:

Die Suppenhühner mit kaltem Wasser bedecken und aufsetzen. Die Gewürze dazugeben, abschäumen und leicht köcheln lassen. Kurz bevor die Suppenhühner weich sind, das Gemüse dazugeben und ziehen lassen. Den Fond durch ein Tuch passieren.

Grundrezept **Gemüse**fond

Zutaten:

5	Karotten
1	Stange Lauch
1	Sellerie
10	Tomaten
20	Champignons
½	Bund Petersilie
5	Lorbeerblätter
½	Bund Liebstöckel
1	Knoblauchzehe
2	Nelken
10	schwarze Pfefferkörner
1 EL	Meersalz

Zubereitung:

Die Gemüse waschen, schälen und in kleine Stücke schneiden. Alles zusammen mit den Gewürzen mit kaltem Wasser bedeckt in einem Topf aufsetzen. Ganz langsam erhitzen, zum Kochen bringen und dann etwa eine halbe Stunde ziehen lassen. Zum Schluss durch ein Passiertuch geben und abschmecken.

Grundrezept **Lamm**fond

Zutaten:

3 kg	Lammfleischabschnitte und Knochen
6 EL	Olivenöl
8	Schalotten
3	Karotten
¼	Sellerie
¼	Stange Lauch
1	rote Paprika
2	Knoblauchzehen
6	Lorbeerblätter
1	Zweig Rosmarin
15 g	Tomatenmark
10	Pimentkörner
0,4 l	Rotwein (Spätburgunder)

Zubereitung:

Die Lammknochen und die Lammfleischabschnitte in einem großen Topf gut anrösten. Die Karotten in Stücke schneiden und in den Topf geben. Danach die Schalotten dazugeben und später den Sellerie, den Lauch und die Paprika. Alles kurz mitrösten. Dann das Tomatenmark untermengen und kurz danach mit Rotwein ablöschen. Schließlich die Gewürze dazugeben und alles mit Wasser bedecken. Langsam zum Kochen bringen und immer wieder abschäumen und abfetten. Insgesamt etwa drei Stunden ziehen lassen. Schließlich durch ein Tuch passieren.

Grundrezept **Läuterzucker**

Zutaten:

1 l	Wasser
1 kg	Zucker
	(immer Wasser und Zucker im Verhältnis 1:1)

Zubereitung:

Wasser mit dem Zucker in einem Topf zum Kochen bringen und danach abkühlen lassen.

Grundrezept **Lavendeljus**

Zutaten:

800 g	Rehknochen, klein gehackt
200 g	Zwiebeln
80 g	Karotte
80 g	Sellerie
30 g	Lauch
15 g	Tomatenmark
300 ml	Rotwein
1 l	Wildfond
1	Zweig Rosmarin
1	Zweig Thymian
1 EL	Wacholderbeeren
1 EL	Pimentkörner
5	Lorbeerblätter
½ TL	Lavendelblüten
	Butterwürfel

Zubereitung:

Die Rehknochen gut anrösten. Das Gemüse in Würfel schneiden, Karotten in einen Topf geben und leicht Farbe annehmen lassen. Danach die Zwiebeln und den Sellerie dazugeben und mitrösten. Mit dem Tomatenmark tomatisieren und mit dem Rotwein mehrmals ablöschen.
Die Gewürze dazugeben und mit dem Wildfond auffüllen. Das Ganze langsam erhitzen und etwa drei Stunden ziehen lassen. Durch ein Tuch passieren und auf ein Drittel der Menge reduzieren. Schließlich die Butterwürfel einrühren und abschmecken.

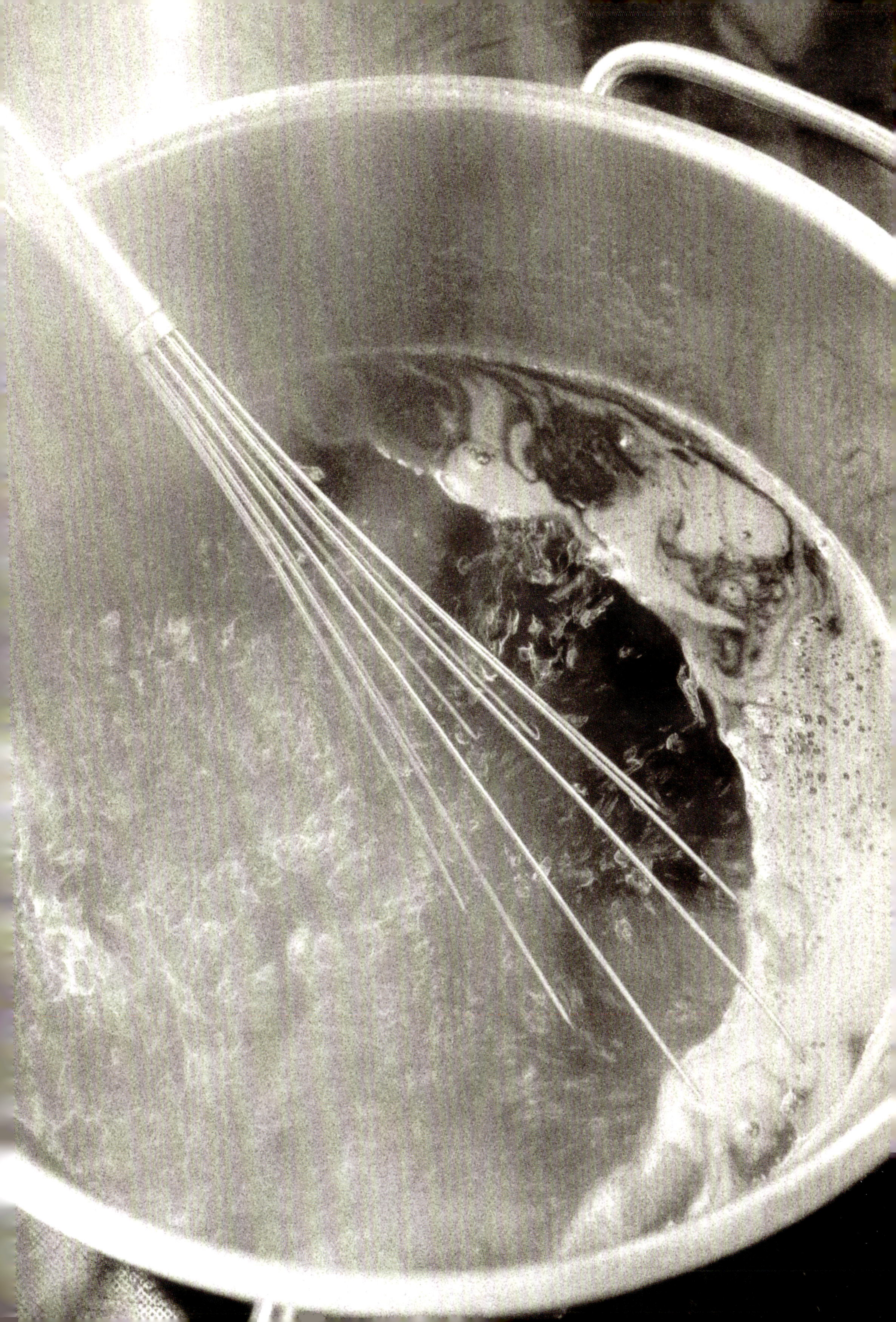

Grundrezept **Nudel**teig

Zutaten:

400 g	Nudelmehl
100 g	Hartweizengrieß
4	Eier
1	Eigelb
1 EL	Olivenöl

Zubereitung:

Alle Zutaten zügig miteinander vermengen und abgedeckt eine Stunde ruhen lassen.

Grundrezept **Rieslingsekt-Sauce**

Zutaten:

¼ l	Fischfond
¼ l	Rieslingsekt, trocken
1/8 l	Sahne
4	Schalotten
5	Pfefferkörner, schwarz
1	Lorbeerblatt
100 g	Butterwürfel
	Salz
2 EL	Olivenöl

Zubereitung:

Die in Würfel geschnittenen Schalotten in etwas Olivenöl anschwitzen, mit dem Rieslingsekt ablöschen und etwas einkochen. Den Fischfond sowie die Gewürze zugeben und kurz köcheln lassen. Nun die Sahne hinzugeben, aufkochen lassen und die Sauce durch ein Küchensieb passieren. Anschließend mit kalten Butterwürfeln montieren und mit Salz abschmecken.

Grundrezept **Salz**teig

Zutaten:

250 g	Mehl
125 g	Salz
125 ml	Wasser
1 EL	Öl

Zubereitung:

Die Zutaten verkneten und kalt stellen. Mit einem Rollholz etwa zwei Millimeter dick ausrollen.

Grundrezept **Schoko**ladenkapsel

Zutaten:

5	Eigelb
65 g	Zucker
5	Eiweiß
65 g	Zucker
120 g	Mehl (Typ 405)
5 g	Kakaopulver

Zubereitung:

Eigelbe sowie Eiweiße jeweils getrennt mit dem Zucker aufschlagen und das Mehl mit dem Kakaopulver sieben. Danach die aufgeschlagenen Eigelbe und Eiweiße zusammen in eine Schüssel geben und das gesiebte Mehl-Kakao-Gemisch vorsichtig darunterheben. Die Masse auf ein Backblech mit Backpapier aufstreichen und bei 220 Grad im Ofen backen.

Grundrezept **Kalbs**fond

Zutaten:

3 kg	Kalbfleischabschnitte
2	Karotten
½	Sellerie
½	Stange Lauch
5	Champignons
2	Tomaten
5	Lorbeerblätter
1	Knoblauchzehe
2	Nelken
10	schwarze Pfefferkörner
½ EL	Meersalz

Zubereitung:

Die Kalbfleischabschnitte und die Gewürze mit kaltem Wasser bedeckt in einem großen Topf aufsetzen und langsam zum Kochen bringen, abfetten und das Gemüse dazugeben. Dann die Temperatur zurückdrehen und etwa eine Stunde ziehen lassen. Zum Schluss durch ein Passiertuch geben und abschmecken.

Grundrezept **Fisch**fond

Zutaten:

3 kg	geputzte Fischkarkassen (Steinbutt, Seezunge, Loup de mer, Zander)
6 EL	Pflanzenöl
4	Schalotten
½	Staudensellerie
10	Champignons
½	Fenchel
¼	Stange Lauch (nur das Helle)
1	Knoblauchzehe
1	Zweig Thymian
1 TL	Korianderkörner
1 TL	Fenchelsamen
10	schwarze Pfefferkörner
1 EL	Meersalz
0,2 l	Weißwein (Riesling trocken)

Zubereitung:

Schalotten, Staudensellerie, Champignons, Fenchel und Lauch in kleine Stücke schneiden und in einem Topf mit Pflanzenöl farblos anschwitzen. Die Gewürze dazugeben, mit Weißwein ablöschen und mit Wasser bedecken, ganz langsam erhitzen und nach dem Aufkochen vom Herd nehmen und ziehen lassen. Schließlich durch ein Passiertuch geben und abschmecken.

Das Team

KRONEN

Sebastian
Zühr

Sascha
Groß

Jürgen
Patschicke

Oliver
Schowe

Sascha
Krause

Bastian
Buchmann

Dzerad Kabaretovic

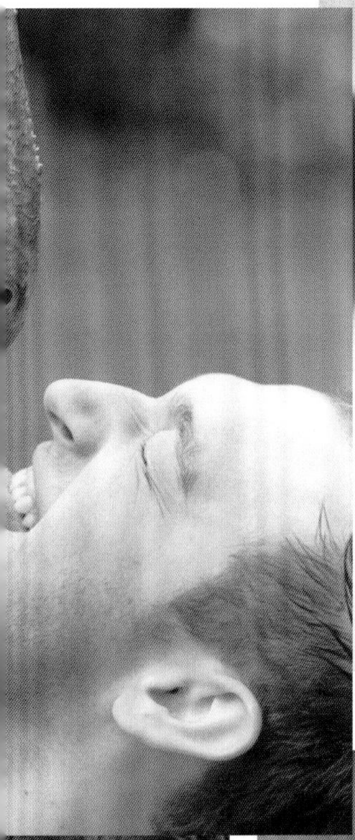

Ryan Scholz

Florian Stark

Martin Nagel

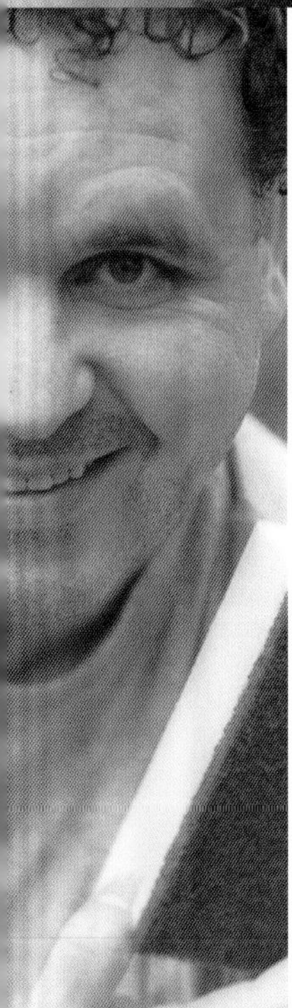

Mokheles Mourdiah

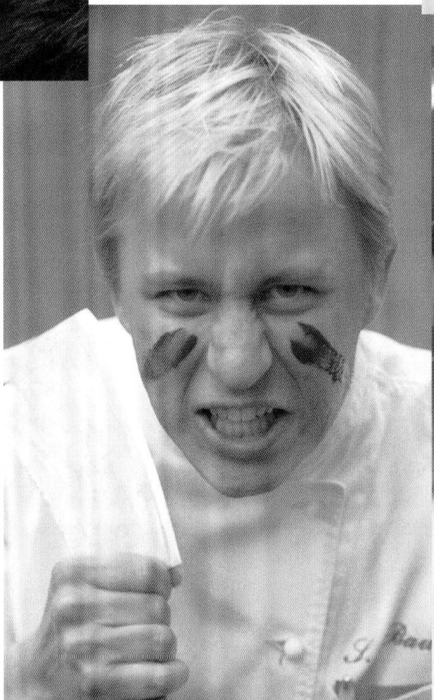

Sebastian Bauer

Daniel Stelling

Alexander Dragun

Die Weingüter

Adressen der Winzer

Rheingau

Weingut Fritz Allendorf, Georgshof, Kirchstraße 69, 65375 Oestrich-Winkel
Telefon 06723-91850, Internet www.allendorf.de

Weingut Georg Breuer, Grabenstraße 8, 65385 Rüdesheim
Telefon 06722-1027, Internet www.georg-breuer.com

Domdechant Werner'sches Weingut, Rathausstraße 30, 65234 Hochheim
Telefon 06146-835037, Internet www.domdechantwerner.com

Weingut August Eser, Friedensplatz 19, 65375 Oestrich-Winkel
Telefon 06723-5023, Internet www.eser-wein.de

Weingut Prinz von Hessen, Grund 1, 65366 Johannisberg
Telefon 06722-409180, Internet www.prinz-von-hessen.de

Hessische Staatsweingüter Kloster Eberbach,
Schwalbacher Straße 56–62, 65343 Eltville
Telefon 06123-92300, Internet www.weingut-kloster-eberbach.de

Weingut Hupfeld, Rheingaustraße 113, 65375 Oestrich-Winkel
Telefon 06723-999239, Internet www.weingut-hupfeld.de

Weinbau-Domäne Schloss Johannisberg, 65366 Johannisberg
Telefon 06722-70090, Internet www.schloss-johannisberg.de

Weingut Johannishof, Grund 63, 65366 Johannisberg
Telefon 06722-8216, Internet www.weingut-johannishof.de

Weingut Jakob Jung, Eberbacher Straße 22, 65346 Erbach
Telefon 06123-900620, Internet www.weingut-jakob-jung.de

Weingut Graf von Kanitz, Rheinstraße 49, 65391 Lorch,
Telefon 06726-346, Internet www.weingut-graf-von-kanitz.de

August Kesseler, Lorcher Straße 16, 65385 Assmannshausen
Telefon 06722-2513, Internet www.august-kesseler.de

Weingut Baron Knyphausen,
Draiser Hof, Erbacher Straße 28, 65346 Erbach
Telefon 06123-62177, Internet www.knyphausen.de

Weingut Krone, Niederwaldstraße 2, 65385 Assmannshausen
Telefon 06722-2525, Internet www.weingut-krone.de

Weingut Peter Jakob Kühn, Mühlstraße 70, 65375 Oestrich-Winkel
Telefon 06723-2299, Internet www.weingutpjkuehn.de

Weingut Franz Künstler, Geheimrat-Hummel-Platz 1a, 65239 Hochheim
Telefon 06146-83860, Internet www.weingut-kuenstler.de

Weingut Hans Lang, Rheinallee 6, 65347 Hattenheim
Telefon 06723-2475, Internet www.weingut-hans-lang.de

Weingut Langwerth von Simmern, Kirchgasse 6, 65343 Eltville
Telefon 06123-92110, Internet www.langwerth-von-simmern.de

Weingut Fürst Löwenstein, Niederwaldstraße 8, 65375 Hallgarten
Telefon 06723-999770, Internet www.loewenstein.de

Weingut Georg Müller Stiftung, Eberbacher Straße 7–9, 65347 Hattenheim
Telefon 06723-2020, Internet www.georg-mueller-stiftung.de

Weingut Prinz, Im Flachsgarten 5, 65375 Hallgarten
Telefon 06723-999847

Weingut Balthasar Ress, Rheinallee 7, 65347 Hattenheim
Telefon 06723-91950, Internet www.ress-wine.com

Domänenweingut Schloss Schönborn,
Hauptstraße 53, 65347 Hattenheim
Telefon 06723-91810, Internet www.schoenborn.de

Weingut Josef Spreitzer, Rheingaustraße 86, 65375 Oestrich-Winkel
Telefon 06723-2625, Internet www.weingut-spreitzer.de

Weingut Robert Weil, Mühlberg 5, 65399 Kiedrich
Telefon 06123-2308, Internet www.weingut-robert-weil.com

Andere deutsche Anbaugebiete

Ahr

Weingut Meyer-Näkel, Friedensstraße 15, 53507 Dernau
Telefon 02643-1628, Internet www.meyer-naekel.de

Baden

Weingut Fischer, Auf der Ziegelbreite 8, 79331 Nimburg-Bottingen
Telefon 07663-1747, Internet www.fischer-weine.de

Weingut Dr. Heger, Bachenstraße 19–21, 79241 Ihringen
Telefon 07668-205, Internet www.heger-weine.de

Weingut Bernhard Huber, Heimbacher Weg 19, 79364 Malterdingen
Telefon 07644-1200, Internet www.weingut-huber.com

Weingut Karl Heinz Johner,
Gartenstraße 20, 79235 Vogtsburg-Bischoffingen
Telefon 07662-6041, Internet www.johner.de

Weingut Franz Keller, Badbergstraße 23, 79235 Vogtsburg-Oberbergen
Telefon 07662-93300, Internet www.franz-keller.de

Weingut Ziereisen, Markgrafenstraße 17, 79588 Efringen-Kirchen
Telefon 07628-2848, Internet www.weingut-ziereisen.de

Franken

Fürstlich Castell'sches Domänenamt, Schlossplatz 5, 97355 Castell
Telefon 09325-60160, Internet www.castell.de

Weingut Hans Wirsching, Ludwigstraße 16, 97346 Iphofen
Telefon 09323-87330, Internet www.wirsching.de

Mosel-Saar-Ruwer

Weingut Fritz Haag, Dusemonder Straße 44, 54472 Brauneberg
Telefon 06534-410, Internet www.weingut-fritz-haag.de

Weingut Egon Müller, Scharzhof, 54459 Wiltingen
Telefon 06501-17232, Internet www.scharzhof.de
(Kein Verkauf an Endverbraucher)

Weingut von Othegraven, Weinstraße 1, 54441 Kanzem/Saar
Telefon 06501-150042, Internet www.von-othegraven.de

Nahe

Schlossgut Diel, Burg Layen, 55452 Rümmelsheim
Telefon 06721-96950, Internet www.schlossgut-diel.com

Weingut Tesch, Naheweinstraße 99, 55450 Langenlonsheim
Telefon 06704-93040, Internet www.weingut-tesch.de

Pfalz

Weingut Dr. Bürklin-Wolf, Weinstraße 65, 67157 Wachenheim
Telefon 06322-95330, Internet www.buerklin-wolf.de

Weingut Koehler-Ruprecht, Weinstraße 84, 67169 Kallstadt
Telefon 06322-1829

Sektgut Menger-Krug, Weinstraße 82, 67146 Deidesheim
Internet www.menger-krug.de

Weingut Ökonomierat Rebholz, Weinstraße 54, 76833 Siebeldingen
Telefon 06345-3439, Internet www.rebholz.2margraf.com

Rheinhessen

Weingut Kühling-Gillot, Ölmühlstraße 25, 55294 Bodenheim
Telefon 06135-2333, Internet www.kuehling-gillot.de

Sekthaus Raumland, Alzeyer Straße 134, 67592 Flörsheim-Dalsheim
Telefon 06243-908070, Internet www.raumland.de

Weingut Wittmann, Mainzer Straße 19, 67593 Westhofen
Telefon 06244-905036, Internet www.weingut-wittmann.de

Sachsen

Weingut Schloss Proschwitz, Dorfanger 19, 01665 Zadel über Meißen
Telefon 03521-76760, Internet www.schloss-proschwitz.de

Württemberg

Weingut des Grafen Neipperg, Schlossstraße 12, 74193 Schwaigern
Telefon 07138-941400

HOTEL

HOTEL
KRONEN-SCHLÖSSCHEN
1894

Rezept verzeichnis

Die Rezepte und ihre Weine

Chutneys

Weitere Rezepte

SOLEX

Die Akteure

Peter Schulte, 1965 in Unna/NRW geboren, verbrachte seine Kind- und Jugendzeit im ländlichen Niedersachsen. Das begonnene Studium der Kunstwissenschaft in Osnabrück war ihm zu trocken, die Ausbildung zum Photographen am Lette-Verein in Berlin lebendiger und Beruf und Berufung zugleich. Nach mehren Assistenzjahren, unter anderem bei Christian von Alvensleben, arbeitet er seit 1996 als freier Photograph mit den Schwerpunkten Stillife und Foodphotographie in Hamburg. Seit dieser Zeit war er an der Produktion zahlreicher Kochbücher beteiligt, u.a. Biolek-Witzigmann, Hans-Stefan Steinheuer.
Peter Schulte dankt seinem Freund Johannes für das wunderschöne Photo von ihm und seiner Tochter.

Peter Badenhop wurde 1964 geboren und hat seine Kindheit und Jugend in der Lüneburger Heide zugebracht. Nach dem Abitur absolvierte er in Hamburg eine Banklehre und den Wehrdienst und zog dann zum Studium der Betriebswirtschaftslehre in den Süden der Republik - nach Saarbrücken. Nach längeren Aufenthalten in Südafrika und Großbritannien folgen drei Jahre des Studiums der Politik und Geschichte an der University of London. 1993 kehrt er nach Deutschland zurück und beginnt ein Volontariat beim Deutschen Fachverlag in Frankfurt. Seit 1996 ist Peter Badenhop Redakteur beim Rhein-Main-Teil der "Frankfurter Allgemeinen Zeitung", dort kümmert er sich unter anderem um kulinarische Themen. Er hat einen Führer zur Gastro-Szene in Wiesbaden, wo er mit seiner Frau und seinen beiden Kindern wohnt, geschrieben und beschäftigt sich vor allem intensiv mit dem Thema Wein.

Norbert Hetkamp, geboren und aufgewachsen in Westfalen, ging nach dem Abitur zunächst zum Grafikdesign-Studium nach Münster und wechselte 1988 zur Parsons School of Design in New York City. Dort arbeitete er nach dem Examen in Design- und Fotostudios. Anfang der neunziger Jahre zog es ihn an die Elbe nach Hamburg, wo er in Werbeagenturen als Art-Direktor u.a. für Lifestyle-Produkte und Food zuständig war. 1998 wechselte er nach Frankfurt und arbeitet seither in den Bereichen Werbung, Corporate-, Editorial- und Grafik-Design. Sein Steckenpferd neben der Buchgestaltung ist die Fotografie, wobei er sich auf Vegetarian Food und Packshots spezialisiert hat.